# 発達障害のある子と家族の支援

問題解決のために
支援者と家族が知っておきたいこと

中田洋二郎

Gakken

# 目次

# 序章
# 保護者支援と家族支援

# 1 保護者を支援することから始める

## 親となることの支援

わたしが発達相談を始めたのは昭和五〇年代半ばである。昭和五十二年に一歳六か月児健診が開始されて間もない時代であった。重い障害はすでに一歳半までに発見されている。一歳六か月児健診でのわたしの仕事は、保護者が気づいていない障害の兆候を見つけ、その診断のために医療機関の受診を勧め、さらに障害児の療育機関を利用することを保護者に促すことであった。

当時、共同療育者あるいは共同治療者という概念が流行し始めていた。その概念は、保護者は専門の支援者と同様に子どもの療育者であり、保護者が子どもの専門的療育スキルを学習し家庭で療育を行うことが、子どもの発達支援において有効であるという考えである。わたしもその考えを信奉し保護者に子どもの療育に取り組むことを求めていた。それは子どもの発達支援において間違った考え方ではないが、ときにはその考えが保護者にとって負担になり、ストレスとなることがある。

そのことに気がつくきっかけとなったのは、ある母親の継続相談が中断したことからであった。子どもは中度の知的障害があった。その子の母親は、保護者が最初の療育者であってほしいというわたしの考えにぴったりの人だった。発達の小さな変化の確認と予測のアセスメントを基礎に、保護者に成長の見通しとその時にもっとも効果的な子どもとの遊びや関わり方を指導した。母親はそれを実践し子どもが成長していくことに満足していた。しかし子どもが二歳を過ぎ、ことばが一つか二つ出始めたころ、次回の相談の日程を約束したはずなのに、母親は連絡もなく来所しないことが続いた。この母子との相談をどのようにしたらよいかと思いあぐねていたわたしの様子を察して、保健師が来所しなくなった事情を尋ねるために、その家庭を訪問した。母親は次のようなことを話したという。

「やっとことばが出るようになりすこし気持ちが明るくなった。でもうちの子の発達はほかの子どもとは明らかに違う。継続相談に行くと必ずそのことがはっきりとわかる。先生の口からというよりも自分の目でわかるのがつらい。遅れがあることはわかっている。しかし心配だったことばが出てきたので、しばらくは普通の親でいたい」

「普通の親でいたい」というこの母親のことばは、わたしの考え方を変えた。それは、親が共同療育者になるには、まず親として育つことが必要であるということを知ったからである。

## 保護者の苦労をねぎらうことから始める

人は子どもが誕生したから親になるのではない。母親は出産や新生児期の授乳による断眠など身体の苦痛に耐え、夜泣きや後追いや離乳など、心身の苦労を重ねて親になっていく。子どもが自分を認めて笑い、自分を後追いして泣き、片言で自分を呼ぶ、これら子どもの日々の成長がその苦痛を癒してくれる。しかし子どもに障害があるとそうはいかない。苦痛や苦労はいずれ育児の不安へと発展し、育児書のとおりにはいかない子育てのいらだちを抱えて健診に来る。これらのことは、いま考えれば当たり前のことだが、早期の障害の発見に必死だった当時のわたしには、まったく思いもかけなかったことであった。

そもそも保護者は何を期待して健診にやって来るのであろうか。健診に来る保護者は、これまでの子どもの成長を確認してもらい、子育ての苦労と努力を認めてもらうために健診にやって来る。障害があるために母乳の飲みが悪かったり、話しかけても反応しなかったり、定型発達にはない子育ての苦労があれば、子どもがここまで成長したことを健診でいっそう認められたいはずである。

前述の母親の「普通の親でいたい」ということばから、「障害がある子どもの保護者の苦労とその心情を理解し、子どもの成長の喜びを共感し、子育ての工夫と努力を讃《たた》えることから始めたい」と考えるようになり、それが健診での発達相談員の最初になすべきことであろうと考え始めた。それは健診や発達相談の場だけでなく、その後の発達障害の支援においても共通している。すなわち障害がある子どもの保護者が親として育っていくことを支えることが家族支援の第一歩だと考えている。

## 2 家族の主体性を支援する

一歳六か月児健診で子どもに障害が疑われた場合、継続相談となった親子は一か月から三か月の間隔で来所する。わたしが勤めたところでは、一日に十組ほどが継続相談の対象となっていて、一組の継続相談は三十分ほどの短い面接時間だった。その時間の中で子どもの行動観察と保護者へのフィードバックを行なった。ときにはその時間内で子どもに障害の可能性があることを伝え、診断や療育のために医療機関や福祉施設の利用を促さなければならなかった。そのようなときは、とりわけ慎重にことばを選んで話をする必要があった。そのため、わたしはその日に来所する親子の面接記録を、必ず読み返すことにしていた。

継続相談に来る親子の状態はさまざまである。子どもは回数を重ねるごとに成長するが、同時に障害の特徴も明らかとなっていく。しかし、保護者の認識は必ずしも同じようには進まない。子どもが成長する様子にこのまま正常に追いつくのだと信じようとする保護者もいる。あるいは、来所するたびに障害か健常かに心が揺れ動く保護者もいる。そのため継続相談では保護者のこれまでの心の軌跡と今の気持ちを理解して面接に臨むことが大切だと考えた。だから過去の記録を読み返したうえで、保護者の今の気持ちを推し量りながら、用心深く慎重にことばを選び、丁寧な面接を行うことを大切にしていた。

# それぞれの家族を理解する

すべての保護者が障害のある子どもの支援を何よりも優先できるとは限らない。家族が抱える事情によっては、子どものことよりもほかのことを優先しなければならないこともある。だから保護者や家族の状況を理解することから始めなければならない。そのことを明確に認識するようになったのは、これから述べるある家族の面接を経験してからである。

その家族は、一歳六か月児健診で子どもに知的な遅れのあることが疑われ、発達相談に来室した。子どもには祖母が付き添い、父親はもっぱら妻のほうを気づかっていた。母親には精神的な疾患があるようでひとりで子育てができる状態ではない様子であった。父親は妻に悟られないように慎重にことばを選んで、子どもに発達の遅れがあることをわたしに伝えた。その様子から「子どもの障害のことをまだ妻には知らせたくない」という夫の思いを察した。

親であれば誰しも子どもに障害があることを知ると傷つく。とくに母親はそれを自分の責任のように思い自分を責める。この父親はそのことを心配して、障害がある子どものことよりも、妻の精神の安定を大切にしたいと考えているようであった。

数回目の継続相談の日、たまたま朝から忙しく、ルーティンである面接記録を読み返す時間がないままこの家族の面接に臨んだ。

その日、母親も同席していたが、主に父親から子どもの様子と変化を聞き取った。聞き取りが終わったところで、「やはり発達が少し遅いようで」とわたしが言ったとたんであった。いつもは穏やかな父親が「先生にとっては大勢の子のひとりかもしれないが、わたしたちにとってはかけがえのない子どもなのです」と激しい口調でさえぎった。それは、子どもの発達の遅れを妻に悟られたくないために、父親が必死で発したことばであった。この子どもの発達支援はそこで中断した。

この事例を経験したことから、もし家族に子どもの療育を二の次にせざるをえない事情があるのであれば、まずその家族の事情を理解し、家族がその問題に取り組むのを支援することを考えるようになった。家族に余力ができ子どものことを考えるゆとりができるまでは、家族を見守り、家族に負担をかけない範囲で、子どもの発達支援を工夫するのである。

## 家族の成長を支援する

ところで家族とはどういうものであろう。一組の夫婦の間に子どもが誕生しその子になんらかの問題があるとする。一般には、その問題に家族が一致団結して取り組むものだと思われがちである。しかし決してそのようにはいかない。

家族といっても、そこには夫婦や親子やきょうだいやときには祖父母と親や孫の関係があり、家族の全員が同じ気持ちで問題に取り組むわけではない。夫は自分が生まれ育った家庭の価値観や経験から問題の解決方法を捜し、妻も同様に自分の価値観や経験を土台にして問題を解決しようとする。夫婦の間の価値観や経験の違いが大きければ、夫婦の間に葛藤が起きやすい。きょうだいも新たな同胞の誕生による家族の変化を経験し、それを受け入れられたり受け入れられなかったりする。

子どもに障害があれば、この家族間の葛藤はより大きく複雑なものになりやすい。そのため家族への介入的な支援が必要となる。しかし支援者が家族の事情を理解せず、子どもの発達支援を押しつけていくとき、支援者と家族の間の溝は深まっていく。保護者との間にそのような溝が深まらないために大切にしてきたことは、家族の主体性を尊重し、それぞれの家族がその家族らしく成長することを支援することであった。

そのような経験から、「家族にとって障害とは何か」、「家族が支援者に求めるものは何か」について述べたいと思う。その中から障害のある子どもの成長を支えるうえで、保護者と支援者にとって大切なことがきっと見つかるのではないかと考えている。

# 第1章
# 障害受容と障害告知

# 1 喪失感からの回復と支援

乳幼児健診の発達相談を始めたころは、保護者は子どもの障害を知るときにショックや悲しみにとらわれるものだと思っていた。しかし実際には必ずしもそのような保護者ばかりではなく、保護者が子どもの障害を知るときの反応と障害を理解し受容していく過程は多様であった。保護者が子どもの発達の遅れや異常をどの程度予測しているか、障害を知らせたあとに具体的な支援の提供がされているかどうかなど、障害を知る状況の違いに加えて、保護者の性格、また性別や価値観、子どもの障害の種類や程度、その後の子どもの成長の違いなど、さまざまな個別の要素が絡み合うことにより、家族が障害を認識し受容する過程は変化する。

本章では保護者の障害の認識と受容について、保護者を支援するうえで役立ち、また保護者も自分自身の状態や状況を理解するうえで知っておきたいことについて述べる。

## 障害告知による段階的な感情反応

障害の認識と受容の理論としてよく知られているのは、障害告知後に感情の変化が段階的な過程で表れるという、いわゆる障害受容の段階説ないしは段階的モデルである。それぞれの論説に

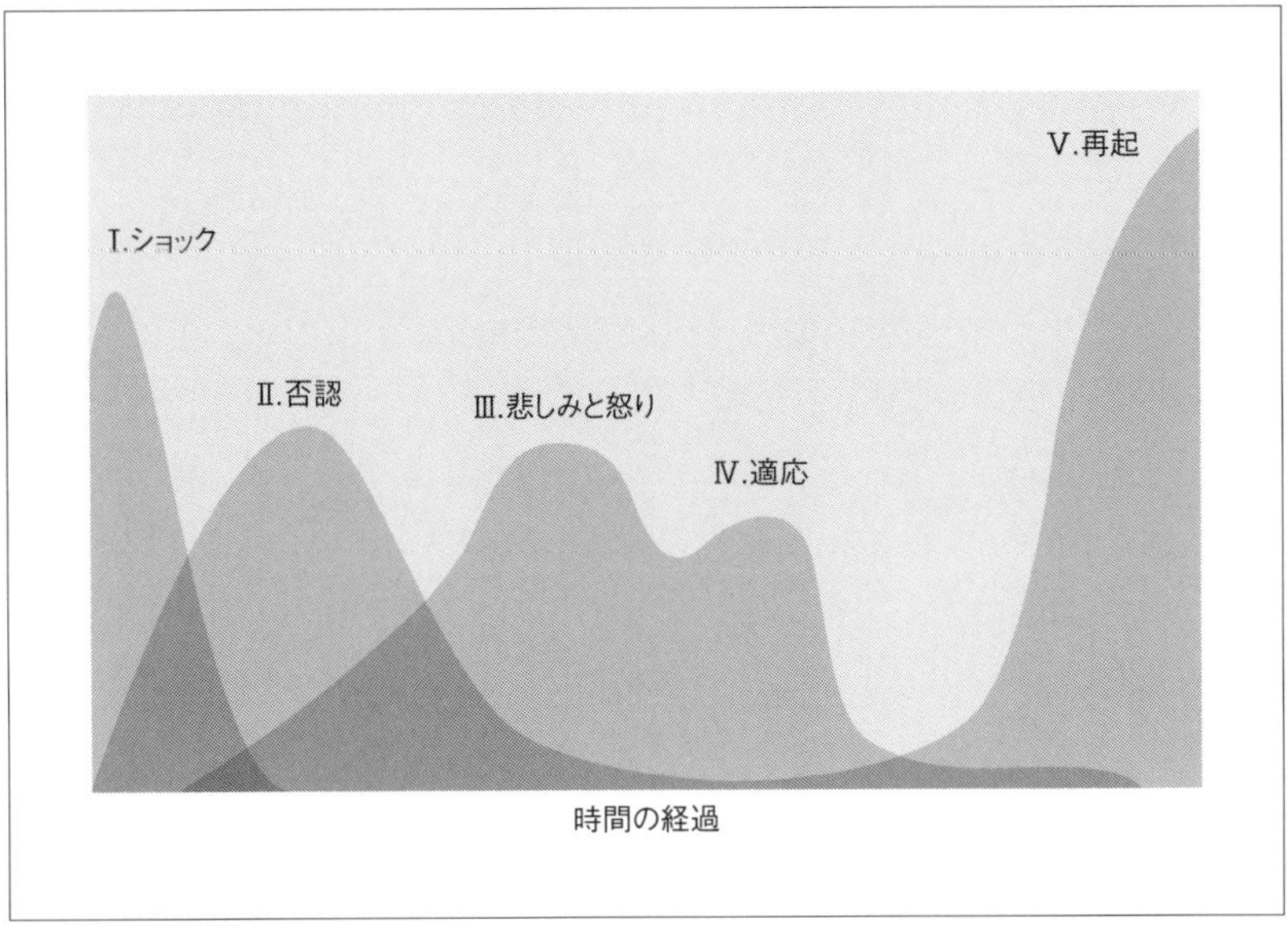


〈図１〉 障害受容の段階的モデル（Drotar et al.,1975）

よって段階の数や内容は少しずつ異なるが、告知後のショックから激しい感情反応を経過して回復へと進むという点は共通している。障害のある子どもの親の段階的モデルとして著名なのは、ドローター（Drotar et al.,1975）らの説であろう。それは、Ⅰ．ショック、Ⅱ．否認、Ⅲ．悲しみと怒り、Ⅳ．適応、Ⅴ．再起の五段階で説明される（図１）。ドローターらは、出生直後に子どもに奇形があることを知らされた親の感情反応について整理したが、このモデルは発達障害がある子どもをもった保護者の障害受容のあり方としても理解されている。

ドローターらの段階的な感情の変化は、障害のある子どもの誕生に喪失感が伴うために生じると考えられている。それは健康な子どもが誕生しなかったことで、「対象喪失

「対象喪失（object loss）」が生じ、「喪の作業（mourning work）」として段階的な感情の変化が必要になるという考えである。

「対象喪失」とは、精神分析の祖であるフロイト（S. Freud）が父親との死別体験を分析し整理した概念で、自分にとって大切なものを失うことによって生じる反応のことである。たとえば次のようなものが対象喪失の体験としてあげられる。

・死別、失恋、別離、子離れなど、愛情・依存の対象となる人を失うこと
・住みなれた土地、これまでの地位や役割などから離れること
・自分の誇りや理想といった精神的よりどころの喪失（たとえば敗戦によって愛する祖国を失うこともこれに含まれる）
・自己の所有物（ペットや財産など）の喪失
・病気、事故などによる身体部位あるいは身体機能の喪失

人は愛するものや大切なものを失ったときには悲しむ。また失った対象がかけがえのないものであれば、悲哀とともに抑うつ的な気分に陥ってしまう。人によってはその悲哀と抑うつから抜け出せず、日常の生活になかなか戻ることができないこともある。対象喪失という概念はそれが病的なことではなく、誰にでも生じる自然な反応であることを示唆した。

# 対象喪失と喪の作業

「喪の作業」とは悲しみの作業、悲哀の作業とも呼ばれ、対象喪失に伴う悲哀から精神的に回復する心理過程のことを意味する。つまり、心の健康を取り戻すために心の中で起きる葛藤や精神的混乱を克服する努力の過程である。

たとえば肉親との死別において、頭ではその人が死んでしまったことを理解できるが、日常の生活ではそこに生きているような感覚が残り、その人が死んだという事実をなかなか受け入れることができないことがある。つまり、その人物との情緒的なつながりが強ければ、それだけ現実を否定する気持ちが強くなり、理性ではわかっていても感情的には「これは何かの間違いだ、何か悪い夢を見ているのだ」といった現実否認の状態に陥る。

このように大切な対象を失った場合、喪失という事実に対する認識と事実を否定しようとする情緒の間で葛藤が生じ、いつまでも気分が晴れないといった不機嫌さにとらわれ、周りへの興味を失い、何かをしようと思ってもその気力が出ず、喪失した対象へ執拗《よう》にこだわり、周囲の人には現実からの逃避と無気力状態としてとらえられる。しかし、それは対象喪失に伴う抑うつ的な状態、いわば「正常な抑うつ状態」として理解されている。

人はこの抑うつ的な状態に一時的に陥っても、喪失したものへの固執を断念し、新たに関心や愛情を注ぐ対象を見つけ、その対象との関係を作り上げていく。喪の作業は、悲哀や抑うつ状態にある程度ひたることが回復には必須であり、そのための時間的ゆとりが必要であるという考えである。

## 障害のある子どもの誕生と親としての自覚

「対象喪失」と「喪の作業」は、前述のように肉親との死別の例をあげて説明されるとわかりやすい。そのため、子どもの障害を知ったときの親の心理を、死別のような典型的な対象喪失の経験として説明しようとした。一九六一年に書かれた「障害児の誕生と喪」と題されたソルニットとスターク（Solnit.& Stark,1961）の論文では、そのことが次のように述べられている。「障害児の誕生は『期待した子どもの死』である。その喪の過程を持続し安定させなければ、期待した健康な子どもへの切望が、亡霊のように家族が我が子になじむのを妨げ続ける」

わたしたちはこのように期待した健康な子どもの「死」であるとたとえられることによって、障害のある子の親の悲しみや苦しみが死別の際の悲哀と同じものであると理解する。しかし「期待した子どもの死」として説明することは正しくない。なぜなら、障害があろうともそこには子どもの誕生という事実があり、保護者は悲嘆にくれながらも、そこにいる「我が子を育てなければ」という責任と「無事に育ってほしい」という思いが芽生えている。

# 障害のある子どもの生命のいぶき

一九九〇年代半ばに障害告知のあり方に関して面接調査を実施し、この調査にはダウン症の子どもの保護者が多く協力した。そのほとんどが前述のような障害受容の段階的モデルに似た感情の変化を体験していたが、どの保護者からも「期待した子どもの死」といったとらえ方につながる心情を聞くことはなかった。高齢出産や未熟児で生んでしまったことへの悔やみ、誕生後の子育ての不安、またその反面、流産を重ねてやっと生まれた子どもへの慈しみ、生まれたときにはすぐにも死にそうな子どもが懸命に生きていく姿への驚嘆などが語られた。

これらのエピソードの中で、ある父親が話したことがとくに印象に残っている。その父親は子どもがダウン症であると知り、産科医に死産だったことにできないかと相談したという。そのような相談をしたのは、まだダウン症と知らない妻がそれを知ったときのショックと障害がある子どもを育てる苦労を考え、夫として妻を、また家庭を守ろうとしてのことであった。

当時は、ダウン症で重い心臓疾患を合併した場合、長く存命するのは難しいと考えられていた。医師はそのことを父親に説明し、その子どももせいぜい一年くらいの命だと告げた。父親は、いずれ死ぬのだと聞かされ、あえて我が子の命を絶つ必要もないと思ったという。

これは本来暗く生々しい話である。しかし、子どもは一歳以降も存命しすでに成人となっており、時を経て語られる父親の口調は落ち着いていた。子どもの死を願っていた父親の心境はどのように変わったのだろうか。父親はそれを次のように語った。

障害と知ったときには生きていても意味がない存在のように思えた。しかし、医師のことばとはうらはらに日増しに強くなる生命力に、親としての自覚が生まれ、子どもがダウン症だと知ったころのどこか後ろめたい気持ちがなくなった。一歳のときには我が家の大切な一員であり、子どもが死ぬことなど望んではいなかった。

この父親の障害に対する否定的な感覚を変えたのは、子どもの生きる力であった。ほかにも聞き取り調査の中で、子どもが生きることと結びつけて、自分の心境の変化を語る保護者がいた。たとえばある母親は子どもが障害児施設に通うようになったときのことを、「我が子の障害を受け入れることができたのは、その施設の先生が屈託なく我が子に接しているのを見たときだった。そのとき初めてこの子も生きていていいと思った」と話し、また、養護学校（現在の特別支援学校）に行くことを拒んでいたほかの母親は、「養護学校に見学に行ったとき、うちの娘と同じような子どもたちに、先生が普通の笑顔で話しかけているのを見て、この子をここにいさせたいと思った。そのときわたしは、本当に子どもがこの世にいてもいいんだと思えた」と語った。

これらのエピソードの背景には、障害のある子どもの誕生と生存を社会から否定されているという親の思いがある。しかしその思いは支援者と子どもの自然な交流を目の当たりにすることで薄らいでいく。

障害のある子どもの誕生は周囲から祝福されないことが多い。保護者の喪失感はその周囲との関係に結びついているのではないだろうか。つまり、子どもが周囲から認められない、受け入れられない存在であると感じるとき、それはいわば社会的な生命を失ったという感覚なのであろう。そして支援者が子どもを自然に受け入れる態度が、子どもの生命にいぶきを与えてくれるように保護者には感じられるといえる。

## マジョリティーの感覚の喪失

子どもの社会的な生命の喪失。それは障害のある子ども自身の問題ではなく、わたしたちの社会の問題なのではないか。発達に障害がある子どもの福祉や教育に携わりながら、わたしたちは障害がある子どもは不幸な存在だと思い、その存在を否定する感覚をもっていないだろうか。そのような障害を遠ざけようとする感覚が人の心の奥底にあるように思う。

それは自分自身が障害者となることをおそれ、知らず知らずに障害と距離を取ろうとする感覚である。偏見や差別という形で表れなくとも、自分は「健常者」であり、多数を占める者、すなわちマジョリティーであるという安心感として多くの人々の間で意識されずに共有されている。

我が子の障害を知ったときに保護者が失うのはこのマジョリティーの感覚ではないか。障害のある子どもの保護者が抱える対象喪失は、「期待した子どもの死」のような当事者の感覚や感情の中に収まるものではない。保護者の喪失感には、わたしたちが密かにもっている「健常」を優位とする社会の価値観が関わっている。つまり、「普通の子どもの親」という立場を失い、健常に価値を置く世間から脱落した感覚がもう一つの喪失感であろう。

障害のある我が子を目の前にして、親としての思いは複雑であろう。「世の中に障害のある子どもがいて、当然その子どもの親がいることは理解できるが、それがなぜ自分なのか」、この問いを子どもの障害を知った多くの保護者から聞いた。その思いを抱えながら、健常な子どものいる親友の顔が浮かび、その友人にはもう会いたくないと思い、結婚に反対だった実母に合わせる顔がないと思うと、その保護者たちは語った。マジョリティーからの脱落にはこのような疎外感と孤立感が伴っている。

## 価値観の転換でなく孤立感からの脱出

障害受容の段階的モデルの中には、最終段階を人としての成長や価値観の転換とする理論がある。たとえばわが国の親の障害受容に関する段階的モデルは、次に示すように最終段階を保護者の成長や価値観の変革など人生の転換期としてとらえる。

努力を通して親自身人間的成長を子どもに感謝する段階：親自身の人間的成長の段階（鑪、1963）
転換期　母親が自己の成長を感じる（田中・丹羽、1990）
第3段階　変革「障害」を劣等と捉えない障害者観（要田、1989）

このような最終段階は誰にでも訪れるものだろうか。

わたしが療育施設で働いていたとき、入所して間もない幼児が難治性のてんかん発作のために急速に退行したことがあった。歩行と摂食が困難となり、わたしたちの施設では対応が難しくなっていた。そのためその子の保護者に退園を促す面談をわたしが担当することとなった。入園のときに指導可能かどうかを十分に検討しなかったわたしたち施設側の落ち度であったが、その子の両親はそれを批判することもなく、穏やかにわたしの話を聞いた。何度目かの面談のとき、父親は、子どもがあとわずかな命であること、残された時間に同年齢の子どもとできるだけ一緒に過ごさせてあげたいと考えたこと、そして何度も面接の時間をわたしに取らせてしまったことを詫び、感謝の気持ちを述べて退園することに同意した。この両親の態度はこれまでに経験したことのない誠実で落ち着いたものだった。もし障害受容に最終段階があり、それが人としての成長や価値観の転換であるとすれば、この保護者がその段階に達した人だったのかもしれないと思う。

しかし、その後はそのような人に出会ったことはない。障害のある子どもと保護者の支援に携わっていると、保護者が前述の理論のような成長や価値観の転換に至るのは難しく、それ以前にさまざまな生活上の試練を経験し、それに対処することで精いっぱいで、障害を認めることすら困難な例も少なくないことを経験する。障害受容のゴールを人としての成長や価値観の転換とする説は、保護者にとっても支援者にとってもハードルが高すぎると感じる。

あるときからわたしは障害受容を支援の目標にするのではなく、前述のマジョリティーから脱落したために起きる喪失感から保護者が回復することを目標とするようになった。そのためにできるだけ身近で親身な支援を心がけた。たとえば発達相談で子どもの成長をともに喜び、子どもの起こす問題にともに悩み、遅れや特異性はあってもそれが愛らしく感じるときにはともに微笑んでいた。そして同じような立場にある保護者同士の出会いの機会を作り、その出会いが互いの支えと成長の機会となるように見守り、ときには専門家として支援してきた。このような支援は特別なものではなく日常的な支援である。ただ難しいことは、障害に対する否定的感覚が自分にもあることを自覚し、その感覚が支援のあり方に悪影響を与えないように用心し、常に謙虚に注意深く臨むことである。

## 段階的モデルと対象喪失論の限界

障害受容の段階的モデルは、たとえばダウン症などのように超早期の診断が可能な障害や、あるいは保護者が障害に気がついていない段階の障害告知にあてはまることが多い。段階的モデルは唐突な障害告知による親の陰性感情が自然な反応であり、その反応がどのように変化し適応へと向かうかを示しており、家族支援の方向を見通すのに役立つ。

しかし、障害受容の過程を感情反応から適応、再起と進む順序立った過程として描いており、そのため子どもが誕生してからある程度の期間が過ぎれば、障害の否認のような現実逃避はなくなり、保護者は自分の子どもの障害を必ず受容できるようになると考える。そのため子どもの障害を認められない保護者や障害と知っても療育施設の利用を躊躇《ちゅうちょ》する保護者に対して、「障害を受容できない親」と批判しがちにならないように気をつけなければならない。もし段階的モデルがこのような誤った理解に支援者を導くとしたら、それは段階的モデルの限界である。

そのような誤解を生じさせないために、障害受容の段階的モデルと対象喪失論の長所と短所を整理すると次のようになる。

肯定的面
・障害を知ったことによる激しい感情を正常な反応として理解できる
・時間経過に伴う、その感情の変化の見通しがもてる
・障害受容は人生や生命に対する洞察を得るプラスの機会でもある

否定的面
・喪の作業など精神面の支援を重視すると、その時期に必要かつ具体的な援助を怠る可能性を

生む

・障害のある子のすべての親が段階的変化を経て適応すると考えると、親が障害を受容することを期待し強要しがちとなる

# 2 繰り返される悲哀と克服

## 自然な反応としての慢性的悲哀

診断と障害告知後の感情反応がおさまり、表面上は落ち着いているように見えても、何かのきっかけで心の安定が崩れ、子どもの障害に対して否定的あるいは逃避的になる保護者もいる。そのような親の揺れ動く心情を説明したのが「慢性的悲哀（悲嘆）」という概念である。オーシャンスキー（Olshansky,1962）という米国のケースワーカーは知的障害のある子どもの保護者支援の経験からそれを以下のように述べている。

「知的障害のある子どもの大多数の親は広範囲な精神的な反応、つまり慢性的な悲哀に苦しんでいる。この悲哀の程度は個人また状況によって異なる。その感情を隠さずに表明する親もいるが、忍耐を重んじ慢性的悲哀を隠す親もいる。医師や臨床心理士やケースワーカーなどの支援者は、慢性的悲哀が知的障害のある子どもの親の自然な反応であることにあまり気づいていない。そのため、支援者は親に悲哀を乗り越えることを励まし、親がこの感情を表明することを妨げる。また、慢性的悲哀を神経症的な症状と見なし、親が現実を否認する傾向を強める要因と考える。支援者がこの反応を知的障害のある子どもの親の当然の反応として受け入れることができれば、家族の生活をより快適にするためにより効果的に援助することができる」

このように、オーシャンスキーは、「慢性的悲哀」とは親がときおり見せる感情の波であり、それを段階的モデルの感情反応と同じように、障害のある子どもの親の自然な反応として支援者が受け入れることが、保護者を支援するうえで大切であると説いている。

その後、発達障害のある子どもの親を対象に、段階的モデルと慢性的悲哀のどちらがそれぞれの状況にあてはまるかを調査した研究報告がある。ウィクラーら（Wikler et al.,1981）の調査は、親の四分の一が段階的モデルのような一過性の悲哀の時期を経験したが、四分の三は慢性的悲哀の落胆と回復の繰り返しであると報告している。また、ダウン症の子どもの両親を対象にしたダムロッシュら（Damrosch et al.,1989）の調査では、父親の一七％、母親の六四％が慢性的悲哀を経験したと報告している。このように段階的モデルよりも慢性的悲哀を選択した保護者のほうが多く、さらに段階的モデルが適合すると考えられていたダウン症の子どもの親においても、母親の多数が慢性的悲哀を経験していた。これらの結果からも、慢性的悲哀が多くの保護者の自然な反応であると考えるべきであろう。

## 慢性的悲哀と病的な抑うつ

慢性的悲哀は保護者の自然な反応として理解されず、「親が様々な神経症的な防衛機制を働か

| | 病的な抑うつ | 慢性的悲哀 |
|---|---|---|
| 症状の持続性 | 抑うつ気分がほぼ毎日、長期間持続する | 抑うつ気分は再燃し短期間持続するが、通常の生活は適応的である |
| きっかけ | 特別な事象に結びついておらず、広汎に生じる | 子どものことをきっかけとして生じる |
| 認知のゆがみ | 悲観的思考と認知が優勢である | 思考や認知のゆがみは顕著ではない |
| 気力の減退 | 生活全般に気力が減じ、無力感が生じる | 子どものことに限って自責や無力感が生じる |

〈表〉病的抑うつと慢性的悲哀の違い

せる状態」（渡辺、1982）、「『真の受容』に達していない状態」（要田、1989）、「『命日反応*』のひとつ」（西村、2006）など神経症的あるいは不適応状態とみなされることがある。このような意見があるのは、慢性的悲哀が表面化したときに抑うつ気分を伴い気分変調症など病的な抑うつ状態と類似しているためであろう。

しかし、病的な抑うつが広汎な状況で持続的に生じるのに比べると、慢性的悲哀は限定された状況で断続的に生じ、必ずしも神経症的あるいは不適応状態とは言えない。病的な抑うつと慢性的悲哀を比較対照した上の表を参照するとその違いがわかる。

＊亡くなった家族の命日や誕生日や記念日が来ると、その人を亡くしたころのような心身の不調が表れること。心的外傷後ストレス反応（ＰＴＳＤ）の症状とみなされることもある。

子どもの障害のことで保護者が発達相談に来談し、慢性的悲哀と思える悲哀の再燃と抑うつ感を訴えることがある。多くは生育歴と経過を丁寧に聞き取って、子どもの障害に対するこれまでの対応の経過を一つひとつ確認し、そのときどきの問題や状況を解決するのに役立った保護者自身の努力や工夫を聞き取ると、保護者の悲哀と抑うつ感は自然に沈静する。そのような聞き取りが、子どもの障害に対して自分なりに対処してきたことを思い起こさせ、保護者が自信を回復するきっかけとなるからだと思える。しかし、中には前述のような面接を心がけても悲哀と抑うつ感が沈静せず、病的な抑うつあるいはその前駆状態と考えるべき例も経験する。

発達障害がある子どもの保護者は病的なうつ状態を呈する率が一般よりも高いと言われる。それは子どもに障害があるために通常の子育て以上に保護者の心身の負担が大きいことと、障害のために起きる周囲との摩擦が、保護者を疲弊させ自信喪失と自責感を強めるきっかけになるからであろう。さらに保護者は子どもの問題を優先し、自分のことを二の次にしてしまい、受診の機会を逸してしまう傾向がある。また子どもの発達支援に従事する支援者も、保護者の抑うつ状態を気にかけながらも保護者に同調して、病的な抑うつの初期状態への対応が遅れる結果となる場合も多い。

保護者が自らを抑うつ的状態と感じるときや抑うつ感を支援者に訴えるときは、その状態や訴えを慢性的悲哀として見るべきか、病的抑うつと判断すべきかを見極めるために、29ページ〈表〉のような点を比較しながら、保護者は自分自身の状態を判断し、また支援者は注意深く保護者の訴えを評価し、抑うつへ早めに対応するために相談機関のカウンセリングや医療機関での診断と治療を検討する必要がある。

## 慢性的悲哀の特徴

過去に行った障害告知の面接調査で、保護者は自らの適応過程を次のように語った。

●ショックはその都度あって、期待とあきらめの両方があると思う。今も、もしかしてという期待もあるし、普通に追いつかないこともあるんだというあきらめの部分もある。今だって悲しい気持ちや落ち込むこともあるけれど、その波がだんだん緩やかになっている感じ。

●成長の節々で結局は落ちこぼれのほうを選ばざるをえず、だんだん覚悟ができてきた。発達はするが普通にはなれないということを受け入れるのは難しい。ショックを受け、泣きながら立ち直る繰り返しかと思う。

これらは慢性的悲哀の経験を語ったものと考えられ、慢性的悲哀が感情の波や適応と非適応の繰り返しとして表現されている。

また、慢性的悲哀が表面化するきっかけについて、ある母親は次のように語った。

就学先は普通の学級がいいか、特殊学級（現在の特別支援学級）がいいかとても迷った。考えた末に特殊学級にしようと決めて、自分なりには覚悟ができたと思っていた。しかし、その気持ちが一瞬にして崩れてしまった。それは入学式の朝、子どもを学校へ連れて行くため家の外に出たときだった。そこには、黄色いランドセルを背負った子どもたちがいて、家の前の小学校の門へ入っていくのが見えた。その新入生の姿を見たとたんに激しい怒りと悲しさがよみがえって来た。

このような感情が生じた理由を、母親は、「障害がない子どもが近くの学校へ通えて、なぜ、障害がある我が子が特殊学級のある隣の学区に通わなければならないのか」という憤りだったと説明し、その後しばらくの間は、初めて障害を知ったときと同じような抑うつ的な気分にとらわれたと語った。この例は通常は喜ばしい出来事であるはずの入学式が、障害のある子どもの保護者にとっては悲哀の再燃のきっかけとなり、慢性的悲哀の表面化が予期しないときに思いがけなく生じることを示唆している。

以上のような特徴を整理すると、慢性的悲哀とは、次のような概念にまとめられる。

①障害のような終結することがない状況では、悲哀や悲嘆が常に内面に存在する。
②悲哀はいつも表面に表れるわけではなく、子どもの障害に関わることをきっかけに表面化する。
③慢性的悲哀は問題の悪化だけでなく、家族のライフサイクルで起きる普通の出来事、たとえば就学、就職、結婚、転勤、老齢化などがきっかけとなることがある。
④慢性的悲哀が表面化するときには、喪失感、否認、失望、落胆、恐れ、怒りなど障害受容の段階的モデルの感情や状態と同じ反応が再起する。

# 3 螺旋に進む障害の認識と受容

## 障害の肯定と否定の共存

わたしは発達相談の面接では子どもの障害の特性と発達の遅れやゆがみについて、保護者が理解しやすいようにわかりやすく説明するように努め、保護者が早く子どもの障害を認められるようにしてきた。しかし乳幼児健診の発達相談で、子どもに障害があることを理解し受け止めていると思っていた保護者が、自分の子どもは障害児ではないと主張するようになったことがあった。診断のために受診した医療機関に問い合わせると、「精神薄弱」(現在の知的障害)との障害名は伝えなかったが検査の結果から発達が遅れていることはしっかりと伝えたと言う。障害名を聞かなかったことを保護者は「障害と診断されなかった」ととらえ、障害児でないと主張したのである。ほかにも、子どもに障害があると理解していたはずの保護者が、何かのきっかけでそれを否定する例を何度も経験した。

保護者と支援者は子どもの障害を異なる思いで見ているのだと感じてはいたが、その思いの違いがわからなかった。それが少し理解できるようになったのは、障害告知の面接調査で次の経験をしたことによる。

子どもの障害を親が認識し受け入れた時期を調べるために、わたしたちが調査で用いた質問は「お子さんの今の状態が治らないと思ったのはいつごろですか」であった。「治らない」と表現することで、「障害」ということばを使うのを避けようと考えたためである。協力した保護者の多くはわたしたちの意図をくんで、自分が子どもの障害を認めたと思う時期を回答した。しかし、ある母親はわたしの質問に、「先生、親は障害がいつかは治ると信じているものです」と言った。治ると信じなければ、子育てが辛くて投げ出したくなることがあったと、当時のことを次のように話した。

二歳を過ぎてもことばが出ないので障害を疑い始めていた。だから三歳になって障害を告知されたときには悪い予感があたってしまったという程度の落胆であった。障害を告知される以前には不安で眠れない日が続いていたが、その後は床につけば眠れるようになったので、多少の安堵《ど》の気持ちさえあったのかもしれない。しかし、下に子どもができその子が成長するに従って、夜間に目覚めることが多くなった。弟の成長の順調さとはうらはらの兄の将来が不安になったのだと思う。夜間に目覚めたときは、必ず兄の障害が治って弟と同じように過ごしている姿を思い描いた。眠れない夜は兄の障害が治ると思うことで再び眠りにつけた。

ほかの病気と違って、一般に障害は治癒するものではないと考えられている。この母親もそう認識していたであろうが、告知の実態を知りたいという調査の主旨を理解し親としての自分の本音を教えてくれた。

保護者は希望をもち続けることで子どもを育てる支えとしている。発達障害がある子どもの保護者の場合、その希望が一般的には不可能とされる「障害の治癒」であるために、それが障害を否定していると支援者には思えてしまうのかもしれない。この母親の聞き取り調査を終えてからは、わたしは障害がある子どもの親の心の中には、障害があることを認める気持ちと障害があることを認めたくない気持ち、すなわち障害の肯定と否定の両方が同時にあるのではないかと考えるようになった。そして子どもに障害があることを認めない親であっても、心の中では子どもの障害を認めているのかもしれないとも考えるようになった。

子どもの障害を否定する気持ちと肯定する気持ちが、コインの表と裏のように保護者の心の中で共存し、状況に応じて表裏が逆転する。本来、対極にあり共存するはずのない障害の肯定と否定が、このような形で保護者の心の中で共存していると考えると、以前に乳幼児健診で経験した子どもの障害を突然否定し始める保護者のことが理解できるように思う。

## 障害の肯定と否定の螺旋形モデル

もし慢性的悲哀が障害のある子どもの多くの保護者に認められる状態であるなら、わたしたち支援者が気づかないところで保護者は何度も子どもの障害を知ったときと同じ苦しみに耐えている。そのような苦しみがよみがえったとき、心の中で「子どもに障害はない」、あるいは「子どもの障害が治ったら」と思い描くことは、心の健康のバランスを失わないためには自然なことだろう。また、子どもの障害を否定している人も、心の奥底で障害を認める気持ちがあるとしたら、従来、障害を否認するための行為だとみなされてきたドクターショッピングも、子どもに障害があることを確かめそれを受け入れていくために必要な行動だと理解できる。

以上のような考えのもとに、保護者の障害の認識の過程を両面の色の違うリボンを巻き取って縮めたり螺《ら》旋に伸ばしたりしたときの状態にたとえて考えてみた。リボンの表が白で裏が黒だとし、白は障害を認める気持ちを表し、黒は障害を否定する気持ちを表すとする。リボンを巻き取ってそれを外側から見ると、表の白、すなわち障害を認めている状態しか見えない。巻き取られたリボンが何かのきっかけで上下に伸び、表の白と同じように裏の黒すなわち障害を否定する状態が見えると、障害を否定している姿が表れる。

支援者が、障害を認めていると思っている保護者は、おそらくこのリボンを巻き取った表の白い部分しか見えない状態にあるのだろう。そのとき支援者は保護者の気持ちの裏側に障害を否定する気持ちがあることにまだ気づいていない。ところが慢性的悲哀の表面化のような状況では、巻き取られたリボンが伸び、裏側に隠れていた障害を否定する気持ちが表れるのだと思える。それを見て初めて支援者は保護者の内面に障害を否定する気持ちや障害が治ってほしいという願い

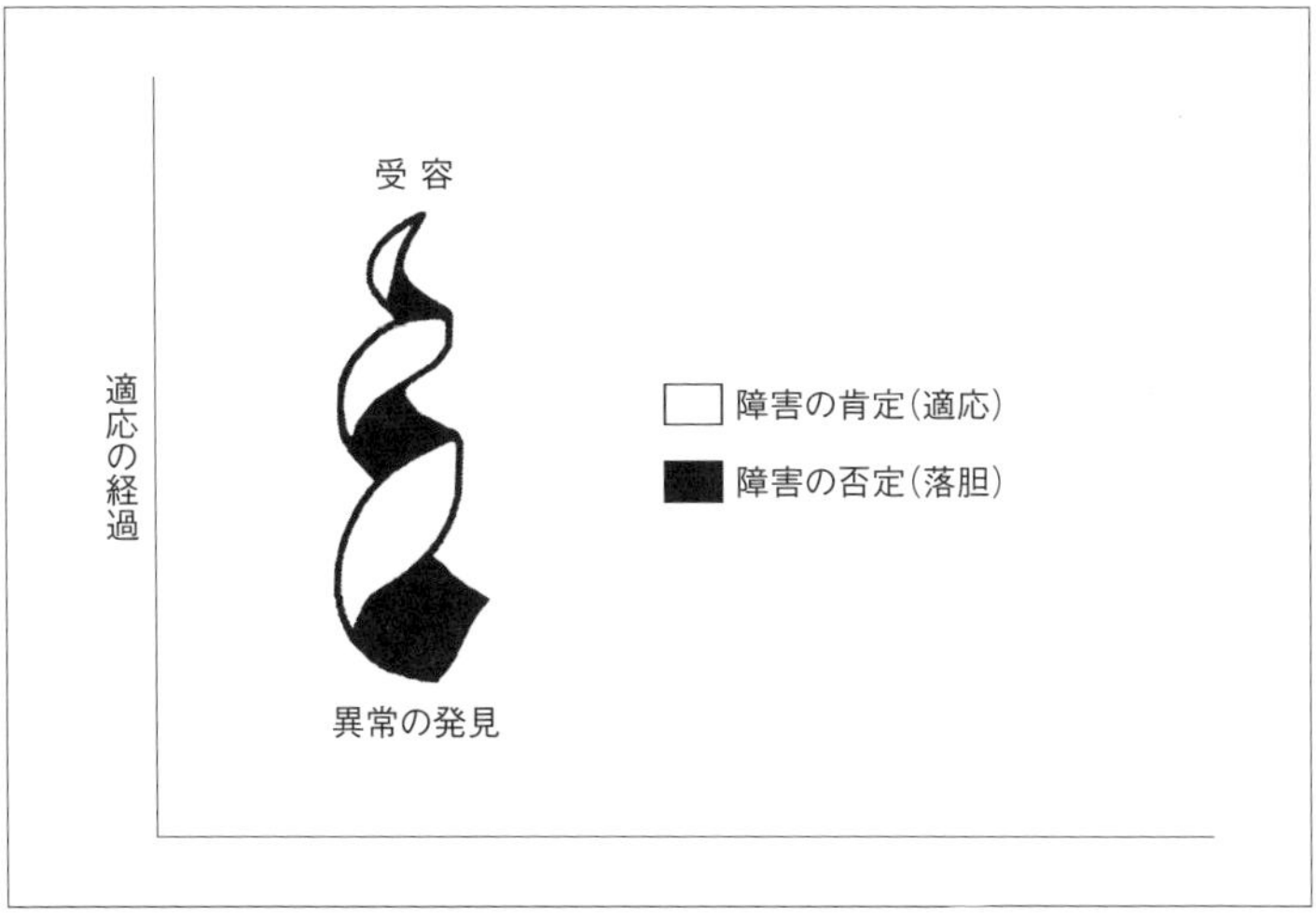


〈図 2〉 障害受容の螺旋形モデル（中田,1995）

があったことに気がつくのだろう。保護者の感情や適応の状況の違いによって、障害の否定と肯定の見え方が変わると考え、それを障害の認識の「螺《ら》旋形モデル」と呼んだ（図2）。

さらにこの螺《ら》旋形モデルにはもう一つの比喩が込められている。それは障害受容の過程を「螺《ら》旋階段を登る人の姿が見え隠れする状況」としてたとえたことである。すなわち障害受容とは段階的モデルのような順序立った適応過程ではなく、慢性的悲哀のように適応と不適応を繰り返し経験しながら障害を受け入れていく紆《う》余曲折の過程であり、それは支援者からは全貌が見えない螺《ら》旋状に進む適応過程であるという考えである（中田、1995）。

## 障害受容論の統合

人としての成長や価値観の転換は、子どもに障害がある保護者だけでなく、さまざまな困難な状況を克服してきた人に起きる。それは子どもの障害を受容することで生じるのではなく、悲哀の再燃と克服のような人生の辛苦を経験し、それを乗り越えることによって生じると考えるほうが、より普遍的で理解しやすいのではないだろうか。また保護者が障害を受け入れる過程が、直線的に進むのではなく螺《ら》旋状に進む過程であり、その過程で保護者は子どもの障害を認めたり否定したりすることがある。そのように考えると、段階的モデルと慢性的悲哀の異なる特徴が統合される。

すなわち障害受容のゴールとされる、人としての成長や価値観の転換は、段階的モデルのように最終段階としてそこに達するのではなく、慢性的悲哀のように悲哀感を抱きながらも適応しようと努力し、悲哀の再燃が起きるたびに保護者が自らの努力で克服することによって、子どもの障害をより深く認識し受容することを繰り返すことで生じるのであろう。これまでに述べた保護者の障害受容に関する考え方を整理すると次のようになる。

- 障害告知は保護者に精神的衝撃を与え、その回復には一定の期間が必要である。
- 保護者は障害告知の衝撃から回復しない間も子育てや子どもの適応に関する支援を求めており、支援者は必要な情報と具体的な援助を提供しなければならない。
- 精神的衝撃がおさまり表面的には適応していても、保護者の内面には常に悲哀が存在する。
- 障害受容の最終段階は人としての成長や価値観の転換と言われるが、それは慢性的悲哀をとおして家族がいくども心痛を経験し、またいくどもそれを自らの努力で克服するから達成されるものである。

●子どもの障害を認めることが困難な保護者においては、慢性的悲哀は子どもの障害の否認と誤解されるが、それは親が障害を初めて知ったときに生じる悲哀や否認と同じように自然な反応である。

●保護者の内面には障害の肯定と否定の気持ちが共存しており、障害を否定しているようでも、それは障害を認め受け入れようとする過程である。

●障害受容は本来個人的体験であり、障害を受容するか否かは個人の主体性に委ねるべきである。

これまでの障害受容論から家族支援のあり方をまとめると、障害受容の過程はそれぞれの保護者において異なり、支援者が意図して進めることができないものであり、支援者にできることは、それぞれの分野で子どもと家族にそれぞれの専門性を使って支援することであると言える。

# 4 障害告知と発達支援

障害告知に関する面接調査では、新生児のときに子どもの障害を知らされる場合と、発達の遅れに不安を感じながらも診断が確定せず、幼児期の半ばになってやっと障害とわかる場合では、障害告知時の保護者の反応は異なった。

## 超早期の告知が可能な場合

保護者が障害に気がついていない段階での告知は、保護者にとって唐突でありその唐突さが告知の衝撃を強め、またダウン症のように染色体検査など具体物によって障害という事実を否定することができない状況に置かれる。このような告知の状況は、逃げ場のない現実が強い衝撃とその後の混乱を招き、明らかな段階的な感情の変化が生じると考えられる。

次の記述は、一九八〇年代初頭にダウン症と診断された女児（調査当時一二歳）の母親が口述した内容をまとめたものである。

出産一か月後、産院の医師の紹介で大学病院を受診した。心電図、染色体検査などの結果が出たときにダウン症と説明された。本を読んで予備知識はもっていたが、ダウン症とはどんなものか知らず説明はわかりにくかった。遅れについて「どういう状態ですか」と尋ねたら、「おとなにはなりますよ」とそっけなく答えられ、「何かしてやれることは」と尋ねたら、「入院はできるけど、どうやっても同じですよ」と言われた。

診断を伝えられた日、若い医者たちが子どもの周りを囲み「これがダウン症だよ」というような説明をされ、レントゲン検査のときも革バンドで肢体を押えられ、まるで物みたいな扱いだった。何度か通った病院だったが、主人も私も車でどう行ったか覚えていない、二度と行きたくないと思う。

この後、この母親は出産後ほぼ一年ほど子どもを連れて外出ができなくなり、家の中に引きこもりがちになったという。ほかにも当時のことが思い出せなかったり、障害告知の状況がフラッシュバックしたり、また食欲不振や断眠といった身体的な不調が起きており、診断と障害告知が心的外傷体験となったと推測された。

この記述の中に、心的外傷を生じさせた要因と思えることが二か所あるように思える。一つは、「『おとなにはなりますよ』とそっけなく答えられ」、あるいは「『入院はできるけど、どうやっても同じですよ』と言われた」など医師の態度である。しかし、この医師の態度が冷淡だと批判するのは検討違いだと思える。なぜなら当時はダウン症は短命であると医療の領域でも考えられており、その状況を考えると、医師はダウン症が短命であるという定説を否定したうえで、成人まで育つこと、また入院の必要はないことを両親に説明していると考えるほうが妥当であるからである。おそらく障害告知による精神的衝撃が母親の認知をゆがめ、医師の真意が理解できなかったと推測される。

障害告知時の面接調査で、診断と障害告知の際の精神的衝撃の表現に「何も考えられなくなった」、「頭の中が真っ白になった」などが共通し、思考が停まったり認識が不鮮明になったりする状態が報告された。また障害を伝える医師の態度は否定的に評価されることがほとんどであった。しかもわれわれ調査員がよく知る信頼できる医師においても、保護者の障害告知の回想の中では、冷淡な人物として語られた。おそらく、人は自分が受け入れたくない悪い事がらを初めて聞かされたとき、冷静な思考や認識ができず、そのことを告げる人物に対しての評価が否定的にゆがむのではないかと思える。この母親にもそのような心理的な現象が起きている可能性が強い。

しかし、この医師と当時の医療にまったく問題がなかったわけではない。障害告知時に告知される側に精神的な混乱が起きることを軽視し、告知される側へ心理的配慮がまったくなされていない。この記述の後半部分の「若い医者たちが子どもの周りを囲み『これがダウン症だよ』というような説明をされ」という状況は、当時のインターン教育で医学部の教授が研修医に指導している場面であろう。これは障害告知が研修医の指導と同時に行われており、明らかに配慮に欠け心的外傷の要因となるような障害告知であったと思える。

母親が病院で受診する際に知りたかったのは、子どもの育て方についての具体的な助言であった。しかしダウン症の子育てに役立つ情報が提供されることはなく、「ミルクの飲みが悪く、体幹が定まらない子がはたして生きていけるのか」という母親の不安が解消されることもなかった。そのことも母親の心的外傷の要因となったと思える。

ほかの保護者に対する障害告知の面接調査でも「自分と子どもだけが置き去りにされた感じだった」や「診断だけ聞かされ梯子《はしご》をはずされた感じだった」と、診断と障害告知後の心情が語られたが、この母親も同じような心境であったのだろう。診断と障害名だけが伝えられこれからの子育てに役立つ情報が提供されない告知のあり方が、保護者の心的外傷のもう一つの要因となった可能性は十分にありうる。

保護者が障害を知らされること自体が心的外傷体験と考えられがちであるが、この調査からは当時の医療における障害を告知する側の配慮と子育てに必要な情報の欠除が、心的外傷を強めその後の回復を遅らせることを示唆している。

## 確定診断が困難な場合

一方、中度あるいは軽度の知的障害や自閉症では、診断の確定が困難なために保護者は慢性的なジレンマの状態に陥りやすい。この場合の障害告知は、障害の否定と肯定で揺れる保護者の心の振り子を止め、このジレンマ状態を解消するのに役立つ。そのような例では、段階的モデルの感情反応は明確でない。

次の記述は一九八〇年代半ばに自閉症と診断された男児（調査当時一四歳）の母親が口述した内容をまとめたものである。

生後八か月ごろに視線が合わないことから異常を感じた。一歳のころ、保健所に相談に行ったが、スキンシップが大事と言われ、こちらの質問に答えるだけの専門的な知識がなく何の役にも立たなかった。

四歳のとき言語治療室から子どもの神経科専門のクリニックを紹介された。ＣＴや脳波検査には異常がなかったが、医師から自閉傾向児と言われた。

いろいろ尋ね歩いた末の診断だったので、告知されたときはやっぱりという感じで冷めていた。自分のせいだけではないことがわかり気持ちが軽くなった。

障害を認識したのは、小学校五、六年のころ、地域での生きにくさ、受け皿のなさから、障害児としての生き方を選ぶべきだと強く思ってから。

この事例には確定診断が難しい発達障害の共通する特徴が三つある。

一つは、このように確定診断が困難な障害では、障害の支援の初期段階で保護者と専門家の間の信頼関係の形成が難しいことである。中度あるいは軽度の知的障害や自閉症では、子どもがある程度まで成長しないと障害の程度が判断できない。そのような発達障害において支援者が使う表現は「もう少し様子を見ましょう」である。しかしこの事例の母親は、保健所の職員がそう言うのを聞いて「わたしたち親もこれまで同じように様子を見てきた。それしかできないのなら、この人は専門家ではない」と思ったのだと語った。

教育や福祉の分野の支援者がどのように誠実に家族に接しても、保護者がなかなか心を開いてこちらを信頼してくれないことがあるが、家族と支援者の信頼関係の形成の困難さは、この事例のような、障害が確定されるまでに起きる信頼関係の形成の失敗が起因となると考えられる。

二つ目は、診断と障害告知が保護者に精神的衝撃を与えるよりも安堵《ど》感を与えることである。確定診断が難しい障害の場合、障害とわかる以前に保護者は、周囲からしつけができない親だと批判され、自身も親としての能力や愛情が足りないのではないかと自分を責め、子どもをうまく育てられなかったことに罪障感を抱えている。そんな保護者にとって、子どもの問題が障害のためだとわかることは、自責の念や罪障感から自分を解放するのに役立つ。確定診断が遅れた場合、保護者の自己評価の低下が生じ、また親子関係も悪化しかねない。適切な時期に診断が確定することが望ましく、支援者はその機会を見極めて子どもの受診を保護者に促すことが大切である。

三つ目は、確定診断が困難な場合、保護者は支援者に子どもが診断され障害名があることを話せても、保護者の本心は子どもに障害があることを自らが認めたとは思っていないことである。

わたしはこの母親は「子どもの障害を認めたのは、就学する前です」と答えるものだと思っていた。就学前に療育手帳を取得していたからである。しかし母親が子どもの障害を認識したと思うのは、手帳取得よりも五年以上もあとのことだった。

この事例をとおして、客観的には障害を認識していると思える状況でも、保護者自身の主観では障害を認めたり受け入れたりできていないと思うことがあることを知った。障害の認識は客観と主観ではその時期が異なる。それは障害受容が多様でまた個別性が高いことを意味している。

## 障害告知はどうあるべきか

障害告知の面接調査で、保護者が求める障害告知のあり方についてアンケート調査をした。その結果から保護者は診断や障害名以外に障害のある子どもを育てるうえで必要なさまざまな情報を求めていることがわかった。その内容をまとめると次のようになる。

［障害告知で保護者が求める情報］

①障害や状態が自分の子どもと同様である、実際の事例の養育や成長の経過についての情報
②子育てや療育に関わる相談や具体的サービスを提供する機関の情報
③療育や障害に関わる教育や福祉的支援の制度についての情報

④障害告知を行った機関また連携している機関がそのあと行える支援についての情報

障害告知とは障害を診断し障害名を伝えることだと考えられがちである。しかし保護者は前述のようなさまざまな情報を求めている。

障害告知の本質は、次のように、子どもと家族が適応するために必要な情報を支援者が提供する行為であると考えられる。

[障害告知で伝えるべき情報]

①診断あるいは障害名
②障害の一般的な特徴に関する情報提供
③障害による現在の発達の状態に関する情報提供
④今後の発達の見通しについての専門的見解の提供
⑤障害によって起きる生活上（教育・就労など）の制限に関する示唆
⑥障害によって起きる二次障害に関する情報とその予防についての情報提供
⑦医療・保健・教育・福祉の分野における子育てと発達支援に関わるサービスについての情報提供

このように医療だけでなく多岐の分野にまたがる情報を伝えるには、複数の職種の協力と連携が必要である。また、診断と障害名を告知された本人や保護者に精神的衝撃や混乱が生じていることを考えると、このようにたくさんの情報を一度に提供しても、それを正しく理解することは困難である。そのため障害告知を行うには以下のような伝え方の配慮が必要となる。

[障害告知において配慮すべきこと]

①障害告知の要件に関わる情報について、専門的知識や経験の異なる職種の支援者が分担し、それぞれの専門分野の情報を提供する。
②障害告知の衝撃による認知のゆがみを想定し、ひとりの保護者のみに告知するのではなく、事実を確認でき互助できるように複数の家族に伝える。
③保護者の情緒や理解の混乱を考慮し、障害告知の要件に関わる情報の提供を何回かに分ける。
④情報を口頭で伝えるだけでなく、告知の内容をのちに確認でき、またほかの家族と共有できるように、プリントやパンフレットなどの視覚的資料を用意して伝える。

## 援助を伴う障害告知と障害の認識

一般に障害告知は、乳幼児健診の保健領域や障害の診断に関わる医療関係の支援者の業務だと

級の教員の参考になるように自分たちが行った対応の方法を、48ページの「障害告知において配慮すべきこと」の④のようなプリントか何かの資料として保護者に提供すれば、保護者に役立つ情報となりえたのではないか。

広い意味での障害告知は、医療や健診の担当者に限られず、告知するにふさわしい特別の場所が用意されて行われるのではなく、子どもの成長をめぐって保護者と支援者が話し合う中で自然にまた繰り返し行われているのではないだろうか。そして支援者からの説明が具体的な援助を伴っており、その具体的な援助が子どもの成長や問題の解決に役立ったときに、保護者は子どもの障害の状態についての支援者からの説明を受け入れ、障害の理解が進むのであろう。

支援者が障害のある子どもを受け入れ、その支援の様子が保護者の心を癒してくれるとき、それは保護者が自分の子どもの障害を認めることを支える。それと同様に発達支援の中で自然に行われる障害告知が具体的で有効な援助を伴うとき、保護者の障害の認識は深まり、よりいっそう障害を受け入れる姿勢が形成されると言える。

# 第2章
# 発達障害の診断と理解

# 1 診断と支援のあり方

わたしは一九七四年に「精神薄弱児通園施設」(現在の知的障害児療育通園施設)で療育の仕事を始めた。その施設にダウン症と診断された子どもが何人かいたが、一度へそを曲げると半日も同じところから動かなくなる子もいれば、職員の誰からも可愛がられる甘え上手な子もいて、同じ診断でもそれぞれに異なる性格をもっていた。

以前、保護者にうちの子を『ダウン症の○○ちゃん』と呼ばないでほしいと言われたことがあった。確かに「ダウン症」は障害名であって子どもの愛称のように使うものではない。それに一人ひとり性格の異なる子どもたちをひとくくりに障害名で呼ぶことに保護者が抵抗を覚えるのは当然である。

このような障害名のうかつな使い方で、意図しないのに保護者を支援者が傷つけているのかもしれない。診断や障害名は正しく用いられれば、支援者と保護者のコミュニケーションの道具となるし、使い方を誤ればその逆となりうる。本節では主に発達障害の診断の現状とその変化について述べる。

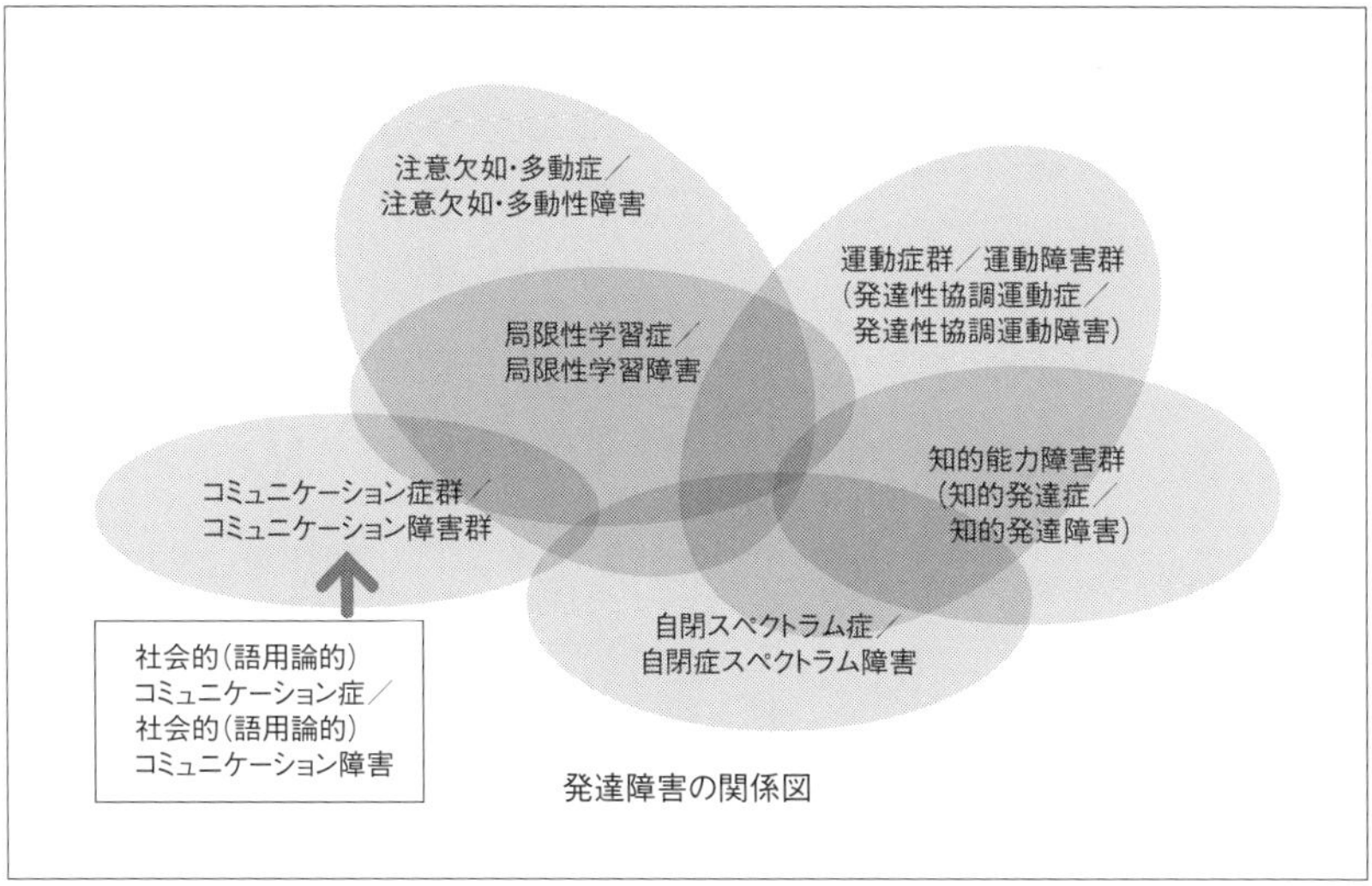


〈図3〉 DSM-5の診断概念

## ＤＳＭ診断について

発達障害の診断によく用いられるのは、米国精神医学会の診断基準『精神疾患の診断・統計マニュアル』である。英名の頭文字を取ってＤＳＭ（Diagnostic and Statistical Manual of Mental Disorders）と呼ばれる。

発達障害やそのほかの精神障害は明確な原因がわからないものがほとんどである。そのため特定の症状の有無によって診断される。ＤＳＭでは各障害の特徴的な症状が項目として列挙され、それによって障害か否かが判断される。わが国では一九八〇年代初頭に第３版の邦訳が紹介され、現在は第５版（ＤＳＭ－５）が二〇一四年より使用されている。

ＤＳＭ－５で発達障害は「神経発達症群／神経発達障害群」としてまとめられている。上図は、その中から発達障害に関わる障害名だけを取り出してベン図にしたものである。この図を参照しながら発達障害の診断の特徴と問題について説明しよう。

## DSM－5の邦訳と家族への配慮

DSM－5の邦訳では「障害」と「症」という二つの表現が併記されている。

わたしが携わった面接調査で保護者が「子どものどこかに足りないところはあるけれども、それを『障害』ではなく『障碍《がい》』*と表現してほしい、さしさわりのあることをしてしまう、それだけのことで、それはほかの子どもが失敗するのと同じことではないか」と述べた。「障害」ということばに否定的なニュアンスがあり、そのことに対する抵抗は、多くの保護者に共通するところであろう。DSM－5の邦訳での「症」の表現は、このような「障害」という文字がもつ否定的な影響を少しでも減らす意図がある。

*ものごとの達成や進行のさまたげとなること。

## 症状による診断の限界

病気や障害の診断には、①症状の有無を調べる症状診断、②原因を調べる原因診断、③組織や細胞の病変を調べる病理診断、④身体の働き具合を調べる機能診断の四つのレベルがある。この四つがそろって初めて診断は完成するといわれる。しかし現在のところ発達障害の多くは原因が不明なため、①の症状診断で発達障害と判断されることが多い。

診断後に保護者が「診断されたけれどその後どうしたらいいのかなにも教えてくれなかった」と戸惑うのは、発達障害が症状診断であり特効的な治療法がないためである。発達障害においては子どもの状態に応じた育児や療育や教育を保護者と支援者がともに考えていくことがもっとも有効な対処法となる。

## 症状の重なりと併存障害

一人の子どもに複数の障害が同時に存在していることは稀《まれ》ではない。一方が他方の障害の原因になっている場合、前者を一次障害、後者を二次障害と呼び、そのような因果関係がない場合を併存障害と呼ぶ。

〈図3〉の円の重なりは二つ以上の併存障害の関係を示している。たとえば学習障害（以下、ＬＤ）と注意欠如・多動性障害（以下、ＡＤＨＤ）と自閉スペクトラム症／自閉症スペクトラム障害（以下、ＡＳＤ）が重なっているが、それはひとりの子どもにＬＤとＡＤＨＤとＡＳＤが重複していることが多いことを表している。また図の重なりは、そのうちの一つしか診断されていなくても、ほかの障害が潜在している可能性を示唆している。

図はそのような発達障害の診断ないしは障害間の関係を視覚化したものである。あらためて整理すると次のようになる。

- ＬＤとＡＤＨＤは併存する可能性が高く、知的能力障害と併存することは少ない。
- ＡＳＤはＬＤやＡＤＨＤを併存する可能性があるが、また知的能力障害とも併存する。
- ＡＳＤと知的能力障害が併存する場合は、従来の知的障害を伴う自閉症に相当する（図で重なっている部分）。
- ＡＳＤと知的能力障害が併存しない場合は、高機能広汎性発達障害・高機能自閉症と呼ばれる（図で重なっていない部分）。
- ＤＳＭ－５の診断基準では、従前の特定不能の広汎性発達障害やアスペルガー障害と診断された状態がＡＳＤと診断されず、「社会的（語用論的）コミュニケーション症／社会的（語用論的）コミュニケーション障害」として診断される可能性が高い（ＤＳＭ－５の改定に伴い発達障害の一部として新たに付加された）。
- 発達性協調運動症／発達性協調運動障害は、ほかの複数の発達障害と併存する可能性がある（発達性協調運動症／発達性協調運動障害＝全身の運動や手先の動作においてぎごちなさや不器用さが極端で生活上の支障をきたす状態）。

発達障害は脳機能の偏りが複数あることが想定され、その組み合わせによって、多様な症状が表れる。そのため発達障害の診断は容易ではない。複数の障害の状態を呈しどちらの障害名が妥当か苦慮する例や、障害の特徴はあるがその辺縁にあるために障害か健常のどちらとも判断できない例が存在する。二つの医療機関に受診すると診断が異なったり、一つの医療機関であっても子どもの成長とともに障害名が変化したりする例が数多く存在するのはそのためである。

## 障害ではなく行動への対応

このような症状診断の限界を考えると、発達障害がある子どもへの支援を行う際、その子どもの障害名だけでなく、それぞれの子どもにおいてどの症状が優勢であるか否かを見極めることが必要となる。そして優勢である症状がどのようなときにどのようにして不適応的な行動と結びつくのかを検討しなければならない。

この検討は医療機関や相談機関のみで行うことができず、子どもと直接関わる保護者や支援者の正確な情報が重要となる。その情報は日常の子どもの行動の観察によって得られるが、その観察が十分であれば、子どもの診断が揺れても、あるいは障害としての診断がつかなくても、保護者や支援者が子どもの障害により引き起こされる問題行動に効果的な対応をすることができる。

発達障害において症状が重なり障害が併存することを考慮すると、子どもの発達支援において保護者と支援者は次の三つの可能性に留意して、子どもを観察し問題となる行動への対応を工夫することが必要である。

❶発達障害と診断された子どもは、ＬＤによる学習の困難さ、ＡＤＨＤの不注意と衝動統制の困難さ、ＡＳＤのこだわりなどの症状を併せもっている可能性が高い。

❷診断されている障害名だけを手がかりにした対応では不十分である。たとえば、ＡＤＨＤと診断されているから不注意や衝動性の問題とみなして問題に対処するだけでなく、問題行動に適切に対応するにはほかの障害や複数の障害が複合している可能性を考える必要がある。

❸ひとりの子どもの同じような行動、たとえば乱暴とされるいくつかの行動が、それぞれ異なる障害の特徴から生じている場合があり、個々の子どもの個々の行動へ個別に対応していくことが重要となる。

前述のことに関連し次のようなことが起きる。なお、この例は、ＡＳＤと診断された子どもの問題行動をある一日の出来事として描いてある。

その日は時間割の変更があったが、事前に家で保護者にそのことを説明され、また変更した時間割表を担任から子どもに渡されていた。子どもはその変更を十分に理解できず、いらだちが抑えられず中休みになって癇癪《かんしゃく》を起こしてしまった。これはASDの固執性が要因となって起きた行為である。その後、昼休みに友人とカードゲームをしていて、友人がルールを勝手に変えようとしたことに注意を与えようとしてその子の手をたたいてしまった。これは口で言うべきなのについ手が出てしまうというADHDに特徴的な衝動統制の困難さが背景にある。そしてホームルームが終わったあと、この子どもがほかの児童に馬乗りになって乱暴をした。あとで判明したことであるが、乱暴された側の児童が、地域的な差別を意味する表現でこの子どもをからかったために起きたことである。この行為は、乱暴したことは許されないとしても、誰もが傷つく差別的な行為への抗議としては当然のことであった。

このように、発達の障害があるとされる子どもの不適切な行動への対処を考えるとき、診断や障害名だけに頼らず、問題となっている行動が起きた経緯とその結果を丹念に解きほぐし、背景に複数の障害が関係している可能性や、ときには正当な理由がある可能性も検討する必要がある。子どもが問題を起こしたとき、診断があるが故にすべてがその障害のせいであるかのように処理され、子どもなりの言い分が無視され、保護者の代弁が聞き入れてもらえないことがある。それは子どもの心を傷つけ、また保護者に徒労と無力感を与え、周囲への不信感を助長する。そのようなことが起きないためにも、保護者と支援者は柔軟な思考と態度で子どもの行動を分析し問題の解決へ臨むことが大切である。

# 2 スペクトラムとしての発達障害

## 広汎性発達障害から自閉スペクトラム症／自閉症スペクトラム障害へ

障害名が変わることで子どもの状態が理解しやすくなる場合もあるが、その逆の場合もあり、単に呼び方が変わったのか、それとも障害に対する考え方が変化したのか戸惑うことがある。自閉スペクトラム症／自閉症スペクトラム障害への名称の変更は、考え方の変化だろう。

ＤＳＭ－５の自閉スペクトラム症／自閉症スペクトラム障害は、広汎性発達障害に替わる新たな障害名である。スペクトラムとは、本来、物理的な現象が連続していることを意味する。たとえば光をプリズムに通したときに光がいくつかの色相に分布することを「光のスペクトル」という。虹を思い浮かべるとわりやすいが、青や緑や黄色や赤に分布しながらも、互いの色帯には境界がなく連続している。自閉スペクトラム症／自閉症スペクトラム障害という障害名は、障害として連続性があるという考え方を表現している。この障害は次のような経緯で名称が変化してきた。

❶一九四三年に米国の精神科医カナー（L. Kanner）が、幼児期早期に知的障害だけではなく人と

の関わりと情緒の発達に特異な症状を呈する子どもの症例を報告し、その状態が統合失調症の「無為自閉（何もせず引きこもった状態）」と症状が類似していることから「早期幼児自閉症」と呼んだ。その後、小児期から生じる精神障害と考えられ、カナーの症例と同様の症状を呈する状態を「自閉症」と呼ぶようになった。

❷一九八〇年に改定されたＤＳＭ－Ⅲで、自閉症状が障害の中核ではなく、①他者に対する反応の欠如、②言語発達の欠陥、③コミュニケーションの特異性、④周囲への奇異な反応が特徴であり、知的障害だけではなく精神および行動に広汎な障害があるという考えから「広汎性発達障害」という名称が採用された。なお、発達障害として明確に位置づけられたのはこのころからである。

❸一九七〇年代後半から一九八〇年代に英国の精神科医ウィング（L. Wing）は、知的障害はないが自閉症と同様の症状が基盤にあって生活上で困難を抱えている、あるいは二次的に精神障害に陥る症例があることから、それらの症例を「アスペルガー症候群」と呼んだ。また自閉症とは診断されないがその状態はカナーの自閉症と連続しており、知的障害の有無に関わらず「自閉症スペクトラム」という表現を用いることを提案した。

❹二〇一三年にＤＳＭ－５が出版され、ウィングの自閉的症状は連続しているという考えを採用し「自閉スペクトラム症／自閉症スペクトラム障害」に名称を変更し、同時にそれ以前のＤＳＭ－Ⅳ－ＴＲで「広汎性発達障害」のサブカテゴリーだった、自閉性障害・レット障害・小児期崩壊性障害・アスペルガー障害・特定不能の広汎性発達障害（非定型自閉症を含む）を廃した。

この名称変更に伴い診断の仕方も次のように大きく変わった。自閉スペクトラム症／自閉症スペクトラム障害では、広汎性発達障害でサブカテゴリーごとに設けられていた診断基準を廃し、診断基準を「社会的コミュニケーション・対人的相互反応における特徴的な欠陥」と「行動、興味、または活動の限定された反復的様式*」という大きな二つの症状群に分け、それぞれの症状群の重症度で障害の状態像と支援の必要性の度合いを判断するようになった。

*自閉症の一つの特徴である常同行動、固執性あるいはこだわり、また感覚の過敏と鈍感など。

## スペクトラムの利点と問題

広汎性発達障害からＡＳＤ（自閉スペクトラム症／自閉症スペクトラム障害）への障害名の変更は、家族支援の観点から見ると利点と問題点の両方がある。

利点としては一人の子どもの診断の変遷や揺らぎがなくなることである。たとえばこれまでの診断では、同一の子どもが複数の医療機関を受診し、ある病院ではアスペルガー障害と診断され、ほかのクリニックでは特定不能の広汎性発達障害と診断される例や、幼児期初期に発達検査の実施が困難で自閉性障害と診断された子どもが、就学前に言語発達が追いつき知能検査が可能となり高機能広汎性発達障害と診断が変わることがあった。このような例が多いと、発達障害の医療に対する信頼を形成するのが難しい。自閉スペクトラム症／自閉症スペクトラム障害への変更はこのような例が生じることを避けることができる。

問題点としては、一つの連続した障害としてとらえると、個々の子どもの症状の特徴や障害の軽重の状態がわかりにくくなることである。たとえば過去の広汎性発達障害の下位分類では自閉性障害あるいはアスペルガー障害と診断されることで、前者の障害名からは言語発達の重篤な遅れと他者との交流に深刻な障害があることがわかり、後者の障害名からは言語発達の遅れは顕著でなく他者との交流の障害は重篤ではないが奇異で質的な障害があることがわかる。ASDの診断では、前述したように二つの症状群の重症度として子どもの症状の特徴や障害の軽重を判断するため、医療側からその説明がないと保護者は子どもの状態を診断名だけでは理解できない。

これらの利点と問題点を考慮すると、ASDの診断には、子どもと直接に関わる保護者や支援者からの情報が必要であり、これまで以上に、情報提供者としての保護者の診断への能動的な関わりと医療側と保護者の十分な説明と同意の形成が求められるといえる。

## 発達障害としてのコミュニケーション障害

これまでのDSM-Ⅳ-TRで「アスペルガー障害」と「特定不能の広汎性発達障害（非定型自閉症を含む）」と診断された症例の中には、DSM-5のASDとは診断されない症例が生じると言われる。それは言語とコミュニケーションの障害は顕著でも常同行動や固執性や感覚異常が認められない場合、ＡＳＤの二つの診断基準の「社会的コミュニケーション・対人的相互反応における特徴的な欠陥」と「行動、興味、また活動の限定された反復的様式」のうち、後者の基準を満たさないためである。

そのような症例はＤＳＭ－５ではおそらく「コミュニケーション障害」の下位分類「社会的（語用論的）コミュニケーション症／社会的（語用論的）コミュニケーション障害」と診断されることが予測される。「社会的（語用論的）コミュニケーション症／社会的（語用論的）コミュニケーション障害」は、これまで発達障害としてはなじみのない障害名であるが、言語の未獲得や遅滞という状態ではなく、言語および非言語的コミュニケーションの障害とされる。その診断基準の要点は次のようにまとめられる。

❶あいさつや当たり前のやりとりが難しい。
❷時と場所と相手によることばづかいの変更が難しい。
❸相づち、誤解を避けるための言い直しができない。
❹曖昧《あいまい》なことばや言いまわしの理解が困難で、相手の言ったことを字義どおりに受け取る。
❺これらのことが、発達の早期から認められ、社会生活上で支障をきたす。ただし、ほかの精神・神経疾患や言語能力の低さが原因ではない。

厚生労働省が二〇〇六年に発達障害者支援法を定め、「自閉症、アスペルガー症候群その他の広汎性発達障害、学習障害、注意欠陥・多動性障害その他これに類する脳機能の障害であってその症状が通常低年齢において発現するもの」を発達障害とした。DSM－5の新たな診断基準による社会的（語用論的）コミュニケーション症／社会的（語用論的）コミュニケーション障害はそこには明記されていない。ASDと診断されなくても、支援が必要であることは変わりがない。そのため広汎性発達障害に準ずるものとして、ASDとともにこの法律でカバーされる対象となることが望まれる。

## 健常と障害の連続性を前提とした支援の必要性

ASDの連続性を示すスペクトラムという表現は、障害と健常の連続性をも示唆している。障害と健常に境がなく連続しているということは、障害に対する一般の人々の意識を変え偏見や差別を解消していくうえで利点にもなりうる。しかし公的機関が発達障害のある人々の支援を行ううえで、支援の対象をどのような基準で判断するかが難しくなり、その点が問題となりうる。もし診断や障害名をその判断基準とすれば、なんらかの事情で診断を受けられない人々の中で、切実に支援を必要としている人々が支援の対象から除かれるからである。

地方によって公的な支援の対象とする基準が異なることがある。たとえば療育手帳の交付において知的障害の診断や障害名を必須とする自治体もあれば、生活の困難度を考慮して交付する自治体もある。現在、児童発達支援など受給者証によって利用できる支援があり、今後も診断や障害名の有無に関わらず支援が受けられることが望ましい。

なぜなら、健常と障害の狭間には、発達障害と診断することが困難な症例が多数あり、また診断によって子どもが「障害児」とされることに葛藤を抱える保護者が多数いるからである。健常と障害の境界が曖昧《あいまい》になればなるほど、診断が困難な子どもと葛藤を抱える保護者を支援する仕組みの工夫が必要であるといえる。

# 第3章
# 現在の発達障害と障害の認識

# 1 知的障害を伴わない発達障害の特徴

現在関心が高まっている発達障害は、同じように障害と呼ばれていても、知的障害やかつての自閉症とはその発見や診断の経緯また問題とされる事がらが異なる。本章では、主にＬＤ、ＡＤＨＤ、知的障害を伴わないＡＳＤについて、本人と保護者が抱える問題とその支援のあり方をテーマとする。なお、知的障害や知的障害を伴う自閉症と区別し、それ以外の発達障害を「知的障害のない発達障害」あるいは単に「発達障害」と称することにする。

## 発達障害への関心

「発達障害と聞いてどのような障害が思い浮かぶか」と学生に尋ねると、ＬＤやＡＤＨＤやアスペルガー障害などの名称があがる。知的障害に関わる障害名をあげる学生は少ない。心理学を専攻する学生でそうなのだから、発達障害というのは知的障害を伴わないものと一般に理解されているのではないだろうか。知的水準を基準として障害か否かを判断していた過去と比べ、現在は発達障害において「障害とは何か」をとらえるのは難しい。

知的障害や自閉症を中心としてきた発達障害の概念が、現在のように知的障害を伴わない障害を中心とするようになったのはいつごろだろうか。ひとつのきっかけは、一九七〇年代後半から一九八〇年代にかけて、イギリスの児童精神科医のウィング（L. Wing）が自閉傾向はあるが知的障害のない症例を「アスペルガー症候群」と呼んで、知的障害や自閉症と同じように公的な支援の対象とすることを訴えたことからである。アスペルガー障害の名称は一九四四年に知的障害のない自閉的な傾向のある子どもの症例を報告したオーストリアの小児科医アスペルガー（H. Asperger）の論文に由来する。

一方、我が国では一九九〇年代から二〇〇〇年代初頭にかけてLD、ADHD、高機能自閉症、アスペルガー障害などへの関心が高まり、それらを「軽度発達障害」と称するようになった。症状の異なる障害をひとくくりに「軽度発達障害」と呼称することには問題があったが、次のような共通性があり、医療や福祉また教育の分野で障害として十分に理解される必要があったからである。

### ①障害としての正しい理解が必要

LD、ADHD、知的障害を伴わないASDは従来の知的障害を伴う発達障害と異なり、発達の遅れや逸脱が顕著ではない。そのため、子どもが起こす問題行動が障害によるものだと気づかれず、子どもの性格ややる気のなさ、保護者の不適切なしつけや保育士や教師など支援者の指導力の不足が原因と誤解されやすい。

いずれの障害も問題行動が子どもの発達の特異性から生じていることがあることを理解し、障害として子どもへの正しい発達支援を行うことを必要としていた。

②早期発見と二次的な問題の予防が必要

前述のような誤解から、子どもは幼いときから叱責されやすく、叱責が頻繁でまた体罰を伴うと子どもは保護者や養育者に不従順となりそれが高じると反抗するようになる。そのため親子関係は順調に形成されず、保育所や学校などの養育・教育環境での支援者と子どもの関係も悪化する。そのような環境の中で子どもはしだいに自分自身に対して否定的になり自尊心の形成が困難となる。自己評価の低下を予防するために早期発見と早期介入が必要である。

③公的な支援が必要

当時、発達障害に関する法律は知的障害者支援法しかなく、知的障害を伴わない発達障害に関わる福祉的支援の法律は存在しなかった。前述のような問題を予防し障害を早期発見するためには、知的な問題がなくても、それを障害として認め公的な支援の対象とする必要があった。

以上のことがしだいに理解され、福祉行政では二〇〇四年に発達障害者支援法が制定され翌二〇〇五年に施行された。また教育分野では*二〇〇六年までに学校教育法等が改正され翌二〇〇七年から特別支援教育が開始された。保健領域でもいくつかの自治体でこれまでの一歳六か月児健診と三歳児健診をカバーするために五歳児健診が始まった。このように公的な支援の仕組みが整うにしたがい、「軽度発達障害」という用語は使用されなくなり、知的障害を伴わない発達障害への世間の認知も進んだ。

＊二〇〇六年六月十五日「学校教育法等の一部を改正する法律案」が可決・成立し六月二十一日に公布され、特別支援教育は二〇〇七年四月から正式に実施されることとなった。

## 状況によって変化する障害

知的障害や自閉症の場合は、診断によって子どもに知的な遅れや自閉的な特徴があることがわかれば、保護者自身も、また周囲の大人たちも障害への理解が進み、保護者と支援者が協力して子どもの発達を支援し問題解決に向かうことができた。しかし、知的障害を伴わない発達障害においては、たとえＬＤ、ＡＤＨＤ、ＡＳＤと診断されても、子どもの起こす問題と障害との関連を理解することが難しい。その難しさの一因となっているのは、場所や状況によってまた相手によって、発達の特異性が顕著になったり逆に抑えられたりするためである。

たとえば、過去に療育施設で働いていたころ、何かうれしいことがあると奇声をあげて飛び跳ねる自閉症の子どもを担当したことがあった。彼は家庭でも療育施設でも同じように喜びを表現した。一方、知的障害のない発達障害の場合、家庭で問題のない子どもが学校ではトラブルメーカーであったり、学校ではおとなしく何の問題もないとされる子どもが反動のように家庭ではわがままで暴力的であったりする。また集団から逸脱することに厳しい教師と甘い教師では、同じ子どもとは思えないくらいまったく異なる態度になる。このように場所や相手や状況によって状態が異なる子どもを、保護者が「障害のある我が子」として理解することは難しい。

## 発達の特異性、それは障害か発達特性か

知的障害のない発達障害において、障害は治らないものという考えは感覚的に当てはまらないことがある。なぜなら幼児期や学齢期に発達障害と診断されたものの、その後は社会に適応し、「障害」とはいえない生活を送っている人々もいるからである。ハリウッド俳優のトム・クルーズや米国の五輪代表選手のマイケル・フェルプスがその好例であろう。それぞれ子ども時代にLD、ADHDと診断されている。またその逆に、小中高の学習が重視される時期には、知的な高さから特に問題とならなかった子どもが、大学に進学し企業で働き融通と協調を要求されるようになって、その発達の特異性から困難さが生じる例は多い。このような例を見ると、発達障害では、それぞれの発達の特異性がプラスにもマイナスにも働く可能性があることがわかる。

たとえばLDの特徴である能力の個人内差は、マイナス面としては一部の学習が極端に困難であり、子どもは自分の能力を信じることができず、それが高じて学習意欲が下がり学業全般の成績不振の原因になる。しかし学習を諦めることなく、自分なりのやり方でその能力を開花させれ

ば、将来得意な能力を生かして社会で活躍することができるだろう。

ＡＤＨＤはその障害の特徴としては、多動、注意の集中、衝動を統制することの困難さがあり、いわゆる落ち着きがなく飽きやすくキレやすい子どもとされる。しかしその多動性は疲れを知らないエネルギッシュさでもあり、また衝動性のコントロールの未熟さは新たなことへ挑戦する際の原動力にもなりえ、関心や興味の移りやすさはほかの人が気づかない物事の特徴をとらえる機会ともなる。これらは新たなことへの創意と工夫に役立つ。それらの特徴がプラスに生かされれば、大人になって事業を起業したり、困難とされる問題に果敢に挑戦したりする率先者にもなりえる。

ＡＳＤの固執・こだわりは、状況がわからず癇癪《かんしゃく》を起こしやすく、また状況認知の悪さは対人関係でのトラブルの原因となりやすい。しかし、こだわりは飽きることのない探求心でもあり、また状況認知の悪さは周囲の評価を気にせず失敗しても諦めない持続力でもあり、実験を繰り返して何かを発見したり新たな理論を作り出したりすることが重要な領域において、ＡＳＤの特徴がそのプラスの力を発揮するだろう。

前述の事がらは「ものは言いよう」と言われるような、物事の表裏を単にひっくり返して説明しているのではない。このような見方で周囲を見ると、発達の特異性がありながら周囲から理解され社会に適応し活躍している人が大勢いるのではないだろうか。

このように知的障害がない発達障害は、障害の状態が状況によって変化することや障害とはい

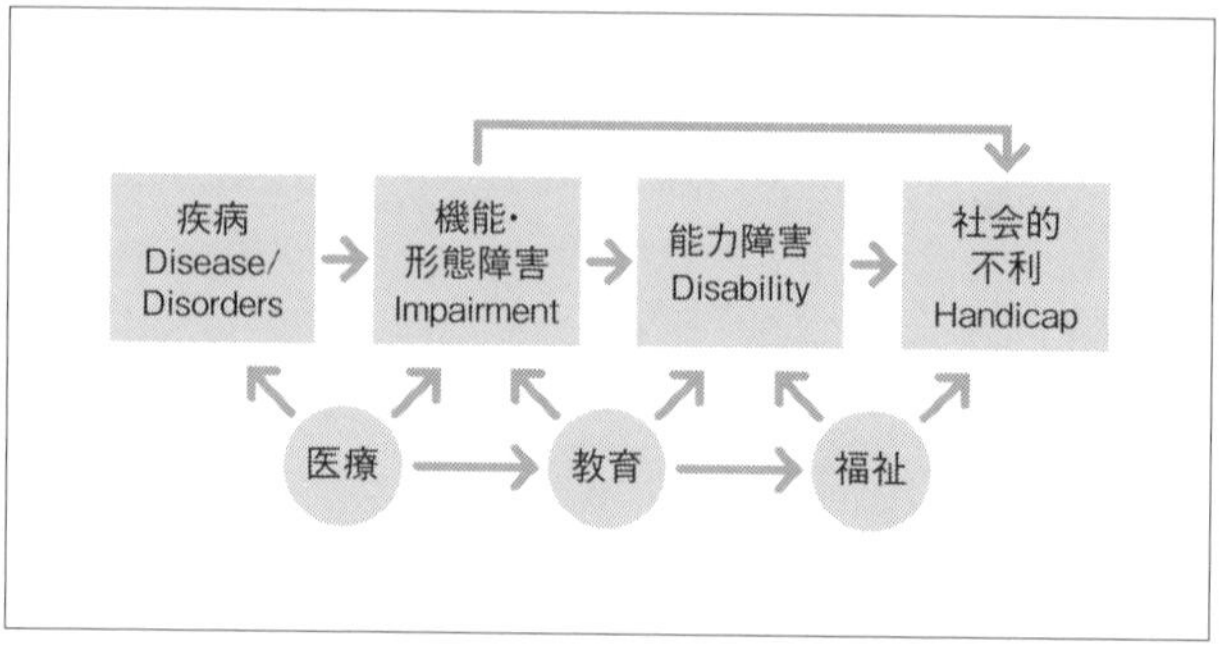


〈図4〉ICIDH

えない状態となりうることを考慮すると、その発達の特異性が生活に支障をきたさないときは、障害ではなくその人の発達特性と呼ぶ方がより適切ではないかと思える。

## 健常と障害の境界の消失

発達の特異性が障害となるのか、発達特性として産業の発展や文化や文明の進化に役立つのかは、発達障害のある人々に合った環境が用意されるかどうかにかかっていると言える。このような障害が環境によって変化するという考えかたは、単に発達障害の領域に限ったことではない。

世界保健機関（WHO）は、一九八〇年に国際障害分類（ICIDH）を制定した（図4）。当時すでに次のような批判があった（上田、2005）。

❶因果関係を示すことを大切にしたために、障害の状態が時間経過とともに一方向に進むという誤解を生んだ。

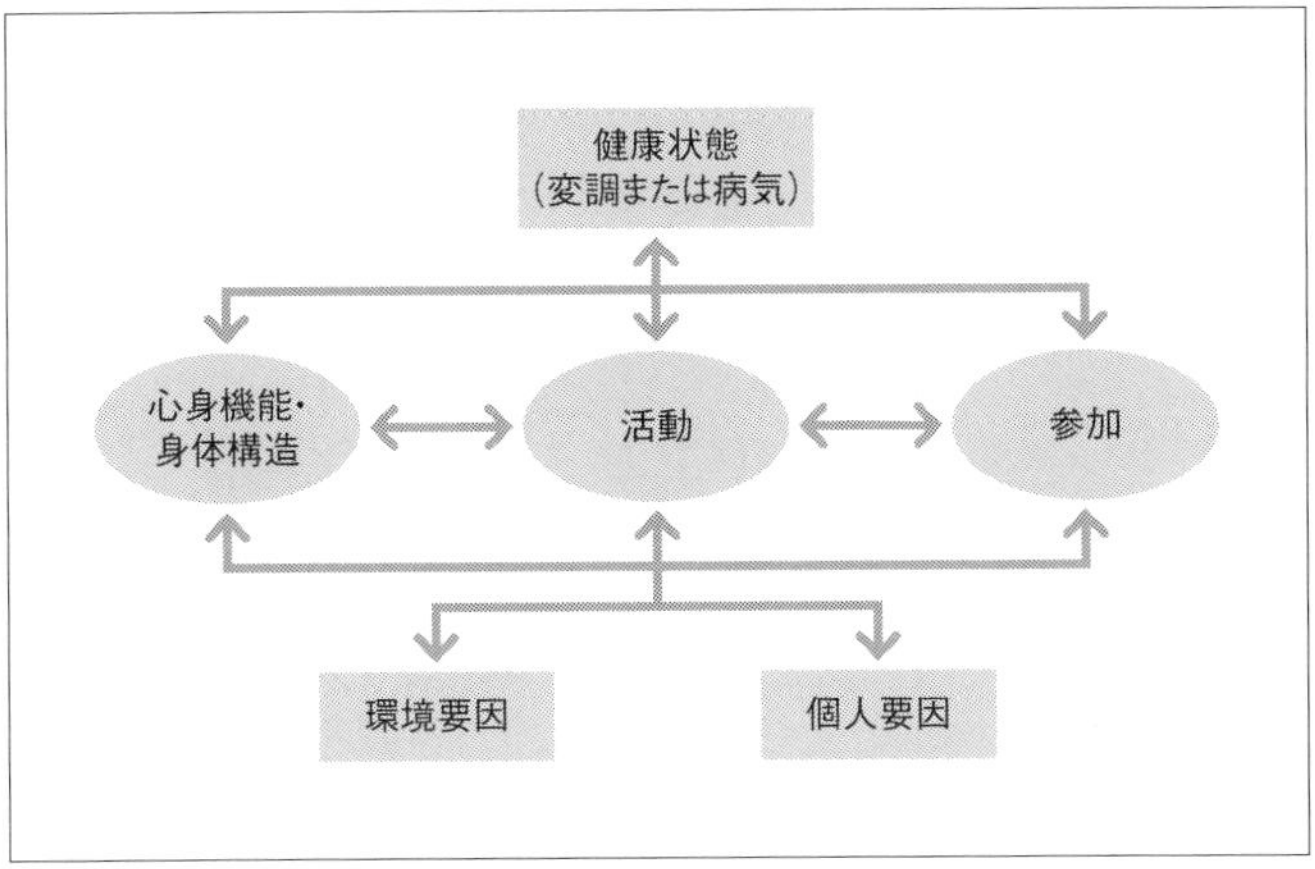

〈図5〉ICF

❷マイナス面中心のモデルであり、運命論的な意味合いを強く伝える。
❸障害には環境的な要因が大きく影響するのに、そのことがまったく反映されていない。
❹当事者不在のモデルで、当事者の主観的な障害への感覚・意見が反映されていない。

ＩＣＩＤＨが発表された当時は、身体の機能がある程度回復するとそれ以上は「障害は治らない」とされていた。しかし障害のある人が暮らしやすくなるように社会が工夫することで、障害のある人の生活における意欲が増し、制限されていた能力が開発される。身近な例は、スロープやエスカレーターなどの設置によって、車椅子での移動が容易になり、それまで下肢まひのために抑えられていたさまざまな能力が、生活圏が広がることで開花した。すなわち障害に合わせた環境の整備は障害のある人の生活能力を向上させる。

そのような事実を反映して考えられたのが二〇〇一年に制定された国際生活機能分類（ＩＣＦ）である（図５）。この図には障害ということばが使われず、あらゆる人々の生活や健康という包括的な観点へと発展している。過去に障害はまれにしか生じない例外的な出来事と考えられていたが、現在のような長寿の世の中では加齢とともに心身の障害が生じる可能性を誰もがもっている。すなわち障害が特別なことではなくなった現在において、「障害」と「健常」という対概念は成立しない時代になりつつあるといえる。

# 2 発達障害における障害と個性

## 対社会的に意識される障害

第1章で保護者の障害認識に関して段階的モデル、慢性的悲哀、螺《ら》旋形モデルの三つの仮説について述べた。それらは保護者が障害を知り、子どもに知的障害や自閉的な障害があることを認識し受け入れていく心の過程を理解するうえで役立つ。しかし、知的障害の有無によって、障害の特徴が異なり、保護者の障害に対する認識のあり方も異なっていると考えられる。

二〇〇〇年代の後半に、現在の発達障害において保護者が子どもの状態をどのように認識しているか面接調査を行った（鳥畑他、2008）。協力者はＡＳＤの診断を受けている思春期の子どもたちをもつ五名の保護者で、いずれも母親である。「お子さんの現在の状態をどのように感じ、またとらえていらっしゃいますか」との問いに次のように答えている。

Ａ　大学生男子（アスペルガー障害）の保護者

日々の生活の中で、とくに家庭の中での生活においてはまったく何の問題もないｌ。一歩外へ出て、社会とのコンタクトを取るときに、あぁ、普通じゃなかったと思う。

Ｂ中学生男子（高機能自閉症）の保護者

問題は対社会的に起こる。家の中で対応できるときはいい。（外の生活で）一つひとつ見ていくと自閉症の特徴が出る。

Ｃ高校生男子（広汎性発達障害＋ＬＤ）の保護者

この子のもって生まれた特性でもいいんだと思う。障害というと一線引かれた感じ。本人もそうだろうし私も受容したくないという感じ。障害、辛いことば。社会の中でうまくいければ、それをもっていてもいいじゃないかと思う。

Ｄ思春期後期男子（アスペルガー障害）の保護者

障害というのはその子についているのではない。社会との関係で生まれる。

Ｅ中学男子（広汎性発達障害）の保護者

社会的に見て障害となるのは仕方ないが、私の中では個性の強い少数派。

これらの回答には必ず「社会」ということばが登場する。すなわち保護者の障害のとらえ方は、子どもたちの障害が対社会的に意識されるという点で共通しているといえる。

このように、現在の発達障害において、その障害は社会との摩擦をとおして意識され、それは子どもたちの発達の特異性が単に障害としてではなく、発達特性、すなわちその子らしさやその子の才能と思える面があるからであろう。前述のＥの保護者の「私の中では個性の強い少数派」

との主張は、世間で障害とされることが保護者によっては子どもの個性として受け止められることを示唆している。

## 「障害は個性である」という言説

障害を個性としてとらえる見方は、現在までさまざまな形で登場した。わたしが記憶する限りでは、一九七〇年代、脳性まひ者の当事者団体である「青い芝の会」の活動をとおして、「障害は個性である」という主張が世間に認識され始めたのではないかと思う。この「青い芝」という団体名には、「踏まれても踏まれても青々と萌《も》えていく芝のように立ち上がろう」という意味が込められている。それは脳性まひ者への差別に対するレジスタンス活動のスローガンであった。その活動を支えたのが「障害は個性である」という主張であり、当時の障害児教育また社会生活で設けられていた制限から脳性まひ者を解放するための論理であった。

このほかに一九九六年に総理府が発行した『平成七年度：障害者白書』には、共生社会の実現において「『障害は個性である』という障害者観」が必要だと記載された。「障害」ということばによって無意識に抱いてしまう差別感に人々が気づき、意識上の障壁（バリア）を変化させる意図で、「障害は個性である」という表現が用いられたのだろう。しかし、すべての人の意識が「障害は個性である」と変われば、障害の問題が解決するのだろうか。障害への差別は単に人の意識を変化させれば解決するものではなく、障害があるがゆえに生活することが著しく困難となる社会の構造を変化させなければならない。

このように「障害は個性である」という言説は、障害者解放運動のスローガンや国の障害者施策の方針として用いられてきた。しかし発達障害のある子どもの発達支援に直接に携わっている保護者や支援者にとっては、障害と個性はそれぞれの心情と密接に関係する問題である。そして、障害のある当事者、その家族、あるいは支援者によって、表現は同じであっても「障害は個性である」との主張に内包される意味が異なってくる。

## 支援者にとっての「障害と個性」

わたしは療育の場で重度の子どもの排泄《せつ》の自立訓練をしていて、「障害は個性である」と考えればいいのではないかと思ったことがあった。それはその子どもの障害を個性として認めたということではない。子どもを便器に座らせて、排泄《せつ》が終わるまで泣き叫び全力でもがいているのを押さえつけることが、まるでその子を虐待しているようで嫌だったからである。

「将来この子どもの排泄《せつ》が自立しなくても、この子が障害者であることは変わらないだろう。ならばそれが個性であると考えればこの嫌な仕事をしなくてもいい。個性は自由に伸ばすべきものであって、このように子どもを押さえつけることではないからだ」

そのような身勝手な考えに捕らわれそうになったとき、わたしは「障害は個性である」と考えることが支援者にとって危険であることに気づいた。支援者が障害を個性と考えることは、支援の意欲を低下させ子どもの発達支援の努力を放棄することにつながりかねない。

この危険性は支援者だけにあるのではない。保護者においても「障害は個性である」と言い逃れて、障害のある子どもの療育を放棄することを可能にする。それは障害が重いために身辺自立が遅々として進まないときや、手がつけられないパニックに疲れ切ったときに、保護者にも起きうることである。

## 保護者にとっての「障害と個性」

前述のような経験と考え方から、わたしは保護者が「障害は個性である」と主張することに否定的であった。しかし次のような保護者の思いを知ってからは、保護者が「障害は個性である」と考えることを受け入れ、保護者のそのような発言を聞いても抵抗がなくなった。

このエピソードは、ペアレント・トレーニングのセッションの中で、これからＡＤＨＤの投薬治療を始めようとする参加者のために、子どもが同じ薬をすでに服薬している保護者に、子どもへの説明と学校での服薬をどのようにしたか、その体験談を話してもらったときのことである。

その保護者は医師と協力して子どもに服薬の必要性を納得させ、養護教諭に依頼して校長と担任に学校での服薬の必要性を説明してもらった。それは工夫に満ちた保護者としての立派な実践報告だった。しかし、その保護者は、ほかの参加者が去ったあとでわたしに次のことを話した。

その母親は、朝、薬を飲ませるときに、子どもの個性を奪っているような気がするという。子どもは落ち着き黒板に書かれるお知らせも連絡帳に書いてくるようになった。それが薬による効果であることは明らかだった。しかしある日学校に出かけ、母親は子どものクラスの掲示物を見て複雑な思いに捕らわれたという。

「以前は学校へ行くと廊下に貼られたこの子の絵が勢いよく目に飛び込んできた。今は捜さなければ見つからない。画用紙の枠からはみ出すほどの力強い絵は、この子ならではの迫力だった。薬を飲み始めてからは、ほかの子どもたちの絵と同じように上手にまとまってはいるものの、個性のないものとなってしまった」

子どもの名前が書かれた絵を見ながら「うちの子の絵ではない」と感じ、毎朝、薬を飲ませるたびに自分が子どもの個性を奪っているように感じるという。

服薬を始める前のその子どもの絵は、実際にその子の才能が発揮され、個性のある作品だったのだろう。以前は保護者が障害を個性だと主張するとき、単に親が障害のある我が子を慈しんでそう言うのだと思っていたが、この保護者の話を聞いてからは、保護者が発達特性を個性と受け止めることに納得がいくようになった。今ではわたしは、発達障害において保護者が障害を個性ととらえる感覚を否定することはできないと考えている。

## 「障害と個性」がもたらすアンビバレンス

その後、別のペアレント・トレーニングの機会に、アスペルガー障害と診断された子どもの保護者から同じようなエピソードを聞いた。その母親は「子ども部屋の本棚に並ぶぼろぼろの図鑑を見るたびに、うれしい気持ちと悲しい気持ちが同時に沸き起こる」と話し、次のようなエピソードを語った。

本棚には幼児のときに子どもの求めに応じて買い与えた動物図鑑が並んでいる。当時は子どもの好奇心の強さがうれしくて、また研究者の家系である自分の血筋なのだと思い喜んだ。しかし年中のとき幼稚園でのトラブルから病院を受診しアスペルガー障害と診断された。子どもの才能だと思っていたことが実はアスペルガー障害の特徴である興味の偏りだと知って落胆した。

障害の特徴が軽微だったおかげで、就学のころにはすっかり普通の子に見えるようになっていた。しかしある日、担任教師から電話があり、「昆虫の話になるとお子さんのお喋《しゃべ》りが止まらなくて、理科の授業がお子さんのお話で終わりました。すごくよく知ってらっしゃいますがどんな教育をされてきましたか」と言われた。このような遠回しな苦情をこれまで何度も経験してきたので、「我が子がアスペルガー障害と診断されていることを、担任に話さなければならないときがきたのだと思い悲しくなった」と語った。そして、子どもの本棚に並んでいる動物図鑑を見ると、才能と思ったときの喜びと、障害を開示しなければならなくなったときの悲しみの両方が思い起されるようになったという。

この保護者の状態は、両面感情あるいはアンビバレント（ある対象に対して正反対の二つの思考や感情が存在すること）と呼ばれる。発達の特異性がときには障害としてまたときには個性として受け止められ、それは、第一章でふれた螺《ら》旋形モデルの障害の否定と肯定の感情のように、保護者の心の中では正反対の二つの感情として共存するのだろう。

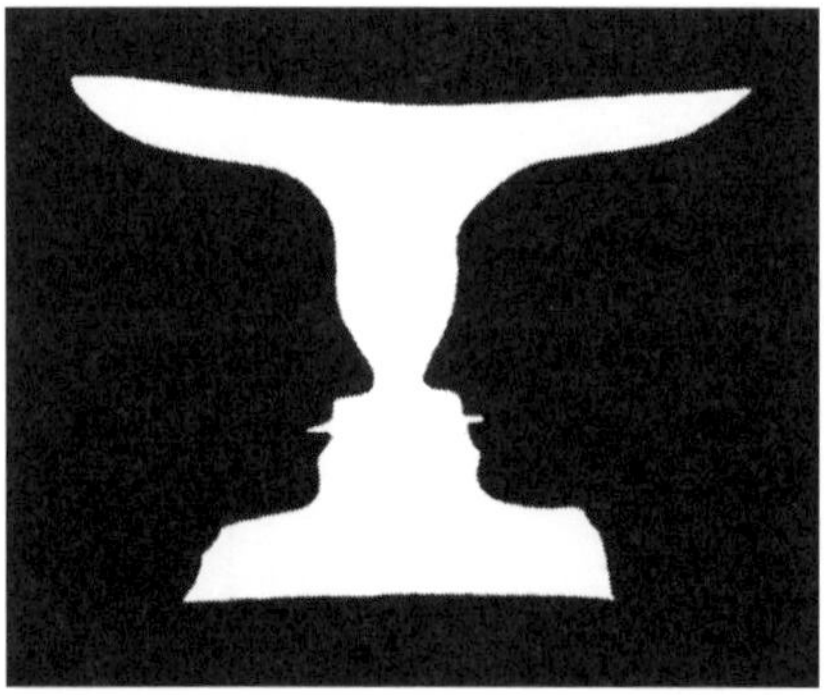

〈図6〉ルビンの杯

## 現在の発達障害における支援のあり方

〈図6〉は「ルビンの杯」と呼ばれる絵である。図の白い部分が盃《さかずき》のような形をしているからそのように呼ばれるのであるが、黒い部分を見るとそこには左右対照の人の横顔がある。白い部分と黒い部分がそれぞれ「図と地」の関係にあり、どちらを図としどちらを地とするかによって異なる絵に見える。人は物を見るときにはそれを漠然と見ているのではなく、必ず見えているもののある部分を図として見ており、それ以外の部分は地として見ている。

この「図と地」は発達障害において、子どもの発達の特異性がその状況や立場によって異なるものに見えることを理解しやすくする。つまり子どもの発達の特異性が子どもの生活上でプラスに働いているとき、発達の特異性は子どもの個性として図となり障害はその背景の地となる。そのような状況において「障害は個性である」と考えることは自然なことであろう。逆に発達の特異性が環境や状況において不適応を起こす要因として働くとき、障害は図となり子どもの個性としての発達特性はその背景の地となる。

子どもの成長を願う保護者においては、発達の特異性は我が子らしさや才能として受け止められ「障害は個性である」と思え、障害の治療や教育を仕事とする支援者においては、発達の特異性がもたらすマイナスな面により注目するために、「障害は個性ではない」という立場を取ることが多いのだろう。このように理解すると、障害を個性と見るか、障害を障害と見るかの違いに実は矛盾がないことがわかる。

発達障害の支援において大切なことは、保護者も支援者も「障害と個性」の図と地の関係を理解し、お互いの見方が違っても子どもの発達支援における協力関係を形成していくことだと思う。すなわち発達障害において、障害は必ずしも固定しているのではなく、成長や環境などの変化によって障害あるいは個性となりうる。子どもの発達支援のためにはこのような考え方を保護者と支援者で共有することが大切であろう。

# 第4章

# 親子関係と子どもの心の成長

# 1 愛着形成の困難さと親子関係

かつて女性には母性本能というものが備わっていて、子どもを産めば自然に親らしい行動が取れると考えられていた。そのため世間は子どもを上手に育てられない母親がいると、「母性本能が足りない」と、あたかも女性として欠陥があるように批判した。現在ではそのようなあからさまな批判はないが、子どもに発達の特異性があり親子関係がうまく形成されないと、同じように母親は親としての能力を疑われる。

本節では、親子の愛着関係の形成とそれを支える乳児期の発達の仕組みについて説明し、発達に特異性がある子どもの保護者が子どもとの関係を形成するうえで、どのような困難を抱えそれを乗り越えているかについて述べる。

## 親子の愛着形成と発達の仕組み

一九七〇～八〇年代に、乳児の行動や能力に関する研究が精力的に行われ、そのおかげで乳児の行動が保護者の養育行動を補助し、それによって保護者が乳児を育てる意欲を強くもつようになっていくことが理解された。そのような乳児の行動と保護者の反応は母子相互作用と呼ばれ、新生児の反射やその後の発達の順序性の中に巧みにセッティングされ、子どもと親の愛着が出生早期から形成されることがわかっている。

たとえば、新生児期に、モロー反射、把握反射、探索反射、吸啜《てつ》反射という四つの反射がある。これらは新生児反射あるいは原始反射と呼ばれる。それぞれの反射は別々に見ると「原始」というにふさわしい未分化な反応であるが、それらが連合すると見事に哺乳を支える行動となる。

母親が新生児に母乳を与える状況を想像してほしい。保護者が新生児を抱えようとするとモロー反射が起きる。この反射は新生児の首が後ろに傾くことによって起き、新生児は手の指と腕を大きく広げ、その直後に何かを抱きかかえるように腕を身体の内側に閉じる。そして新生児の開いた手に保護者の衣類が当たると、把握反射と呼ばれる通常の力では剥がせない強さで握りしめる反応が起きる。この二つの反射は我が子を抱こうとする保護者にとって、乳児の方から自分に抱きつくように感じられ、我が子と自分の絆《きずな》が生まれたような感覚を与えてくれる。

さらに母乳を与えようと思い、抱いた新生児の頬に乳首が触れると、新生児はすっとその方向に唇を向ける。それは探索反射と呼ばれ頬を刺激すると起きる反射である。またさらに乳首が唇に当たるとそれに吸い付くが、このとき新生児の口腔《くう》の中では舌と周辺の筋肉がリズミカルに動いている。これは吸啜《てつ》反射と呼ばれ、この筋肉のリズムは乳児期特有の反応で母乳を吸わなくなると忘れ去られると言われる。これら一連の反射は、初めて我が子に授乳する際の母親の不安を和らげてくれる。

ほかにも新生時期に、乳児が母親の匂いを嗅ぎ分けることや、あやし声のような高い波長音に反応して笑うことや、瞳のような色のコントラストが強いものを注視することや、乳児が保護者の話しかけのリズムに合わせて、発声したり活動を静止したりする共鳴動作と呼ばれる反応がある。さらに新生児期を過ぎると乳児の視野はだんだん広がり動くものの姿をはっきりと認識し始め、保護者の姿を追い、姿が視界から消えると泣き出すなどの反応が六か月ごろまでに順序立って表れる。

さらに七・八か月で人見知りが出始めてからは、自分の親とほかの大人を明らかに見分け、親の動作の真似をしたり、一歳を過ぎると指さしで自分の関心を知らせたり、喃語《なん》と呼ばれる未分化だが明らかに会話の前兆と思える発声が出たりして、乳児と親との交流が一気に進んでいく。保護者にはこれらはすべてが親としての自分を求める子どもの姿として感じられ、我が子への愛情を強めていくのに役立つ。

## 愛着形成の困難さを乗り越えた保護者たち

人間はほかの動物と比べると高度に社会化してきたが、それは親に依存しなければならない状態が長く続くからだといわれる。親に依存しなければならない期間に、子どもは後の社会生活に必要な基本的なことを学習し蓄積していく。その学習と蓄積を支えているのが、子どもと保護者との関係であり、その関係の基礎となるのが愛着形成である。それはすでに述べたように新生児反射を初めとしたさまざまな発達の仕組みに支えられている。

発達に特異性のある子どもたちにおいては、注意や関心や感情、また運動の発達の偏りによって、愛着形成をつかさどる発達の仕組みがうまく働かない。そのため親子の愛着が十分に形成されなかったり、通常の発達よりも少し遅れたりといびつな形で始まる。障害のある子どもの乳児期の発育の経過を聞き取ると、棒を抱いているような感じだったとか、泣き出すとあやしても泣き止むことがなかった、あるいは逆にほうっておいても泣くことがない子だったなど、通常の発達とは異なるエピソードを聞く。これらのエピソードの多くは、前述した保護者の愛情を強めていくのに役立つ発達の仕組みがうまく働いていないことを示唆している。

発達に特異性のある子どもの乳児期の異常は、重度の発達障害のような周囲に発育の異変を感じさせるほど顕著なものではない。そのため、乳児期に親が子どもの発達の異常に気がつくことは少なく、保護者は育児の難しさに悩み、通常の親以上に子育てに苦労している。乳児期の育児の困難さは、育児を放棄したり子どもの虐待につながったりするといわれるが、発達に特異性のある子どもの大多数の保護者は、そのような危機的状況を乗り越え、苦労を重ねて親となった保護者であるといえる。

## 子どもの反抗としつけの困難さ

乳児期から幼児期に移行していく時期は、子どもが保育園や幼稚園などほかの子どもたちと接し社会化する時期である。親子は愛着という密接な二者関係から社会を媒介とする新たな二者関係を経験するようになる。この時期はしつけの時期とされ、親は子どもを社会化するために、乳児期のように子どもの要求に応じてばかりはいられず、子どもの意志に反して、行動を促したり制止したりしなければならない。それは子どもの側からすると親の理不尽さとして感じられる。

たとえば二歳の子どもと母親がいるとしよう。その親子は昼間公園に行き、その子は自分より少し年上の子どもと砂遊びを始める。年上の子が作る泥まんじゅうをまねて、砂を握りしめて母親に見せると、母親は「まあ、おいしそうなおまんじゅう」と言ってほめてくれる。同じ日の夕食で、たまたまこぼしたみそ汁とご飯を混ぜて握りしめ、昼間と同じように母親に見せる。ところが今度は「汚いからやめなさい」と叱られてしまう。子どもにとって同じ行為が同じ日にほめられる行為から叱られる行為に逆転する。

同じことをしているつもりなのに、それを認められたり否定されたりすると、大人でも自分がどのように行動すればよいか判断できなくなり、自信を失っていく。しかもその認めたり否定したりする人物が自分の親であれば、その混乱は並大抵のものではないだろう。この時期の子どもが抱く理不尽な扱いへの憤りは、親への怒りへと発展し爆発する。しつけの時期に起きる幼児の癇癪《かんしゃく》の基礎にあるのは、この自信喪失とその裏返しの親への爆発的な反抗である。そのためこの時期は第一次反抗期と呼ばれる。

通常の発達ではこの反抗の時期はそれほど長くは続かない。なぜならこの時期に子どもの言語理解や人の表情や声の調子から相手の感情を理解する能力や自己抑制と呼ばれる我慢する力が急速に発達し、子どもが社会化していくことを支えているからである。

## 子どもと社会をつなぐ保護者の苦労

しかし、発達に特異性のある子どもは、通常二歳から三歳代で終了するこの反抗の時期が幼児期さらには学童期にまで遷延してしまう。なぜなら保護者が適正にしつけようとしても保護者の指示を子どもが聞かない、あるいは理解できないためである。多動性があれば保護者が指示を言い終わらないうちに子どもは保護者のそばを離れてしまう。注意集中に問題があれば、子どもは関心をほかに奪われて保護者の指示を聞いていない。また他者への関心の発達が遅い子どもは、表情や声の調子などことばの背景にある保護者の感情を読み取ることができない。こだわりが強い子どもの場合は、自分のこだわりを優先し保護者の指示に従わない。

このような状況で、子どもは叱られる理由がわからず思うがままに行動し、保護者は子どもを叱り続けなければならない。子どもはますます反抗し、保護者はその反抗に辟易《へき》する。この繰り返しの結果が保護者と子どもの親子関係のゆがみを作っていく。

発達に特異性のある子どもの保護者が、子どもの社会化をはかるために経験する苦労は、通常の発達をしている子どもの親とは比べものにならないほどつらい。しかし、その大変さを理解する周囲の人々は少なく、保護者は社会的に孤立する。第3章2節で述べたが、保護者が子どもの障害を対社会的に意識し始めるのはこのころからであろう。

# 2 発達の特異性と子どもの心の成長

## 自己防衛としての発達の特異性

乳児は親に全面的に依存しているが、子ども自身は泣けばお乳が得られ、ぐずればおむつが替わるという自己中心的な万能の世界にいる。乳児から幼児への移行期に、しつけによって否定される自分を経験すると、子どもは乳児期の万能感を失い、自分を無力な存在だと感じ始める。どのような年齢であろうとも、自分を否定され自分が無力な存在だと感じるときには抑うつ的な気分が伴う。すなわち子どもは乳児期から幼児期にかけて抑うつ的になり、子どもの癇癪《かんしゃく》はその抑うつ的な状態が表面化したものだと考えられる。

通常の発達ではその後の能力の発達が子どもに新たな自己効力感を与え、抑うつ的な気分から子どもを救い出すが、発達に特異性のある子どもではそうはいかない。なぜならすでに述べたように、しつけと反抗の時期が遷延し、叱られ続け、抑うつ的な状態が持続するからである。

そこで子どもは自分の発達の特徴である癇癪《かんしゃく》やパニックを起こすことによって、親や周囲の大人たちをコントロールし抑うつ的になることを避けている。子どもの癇癪《かんしゃく》は、子どもが自分の要求をとおすために、親をコントロールする都合のよい手段として学習されたものだと考えられることが多い。しかし、それは癇癪《かんしゃく》が続く理由であり、癇癪《かんしゃく》が起きる最初の理由を説明していない。しつけの時期とその後に遷延する癇癪《かんしゃく》は、子どもにとっては抑うつ的な状態になることを回避し、極端にいえば子どもを守るのに役だっている。

一方、他者への関心が希薄な子どもにおいては、その発達特性を生かしてひとり遊びに没頭することで抑うつ的な状態を回避しようとする。他者と関わらなければ、叱られることもなく自己否定的になることを避けられるからである。すなわち乳児から幼児への移行期には、それぞれの発達の特異性が子どもの自己防衛的な反応として表れ、子どもを抑うつ的な状態から守るのに役だっているといえる。

## 幼児期と自己否定的感覚

ある幼児の母親がペアレント・トレーニングに参加した理由を「子どもに『ぼくなんかいなくなればいい』と言われ、悲しさとやり場のない怒りがこみ上げ、つい子どもを叱りつけてしまう、そんな自分をどうにかしたい」と語った。わたしは母親の気持ちにも共感したが、それ以上に、発達の特異性がある子どもが幼児期から自分を否定するようなことを訴えることに強いショックを受けた。

本来この年齢の子どもは自己否定的になることから発達的に守られている。なぜなら空想の世界で子どもはいつでも万能感を取り戻せるからである。この時期の子どもの遊びはごっこ遊びが中心となり、子ども向けのテレビドラマやアニメの主人公になりきって空想の世界で思いのままに自由で力強い自分でいられる。そうやって現実の世界での自分の非力さを解消し心の傷つきを癒している。

しかし発達に特異性のある子どもの場合、想像力の発達が遅れるためにごっこ遊びは貧弱なものとなるか、あるいは衝動性のコントロールの発達が遅いためにごっこ遊びの攻撃性は度を越した乱暴となって大人から叱られる原因となる。いずれにしても彼らの場合、ごっこ遊びが現実からの逃避や心の癒しとしては機能しない。そのため発達の特異性のある子どもは、幼児期から自己否定的になっている可能性がある。子どもたちが自己否定的になることを防ぐために、わたしたちは彼らに早くから自信を与え、「生きていてもいい」という感覚がもてるように、具体的な支援を提供しなければならない。それは子どもの心の成長を支えるうえで重要な課題である。

## 学童期と自己評価の低下

学童期は、教育と学習によって社会の仕組みや自然の摂理に関して現実的な理解が進む年齢である。このような知識の現実化と同じように、自己に関しても現実的な理解と認識が進む。子どもは自分の能力を他者の能力と相対的に比べ、能力の個人差を知り始める。たとえば、「自分はみんなより体育が得意だ、でも絵はうまくない、国語は苦手だけど算数はほかの子よりもよくわかる」というふうに、自分をほかの子どもたちと比較し、自分の得意・不得意を理解する。

たとえ学校が学業の成績で子どもに順位をつけなくても、あるいは運動会で徒競走の走者に順位をつけなくても、子ども自身がお互いの能力の違いを自分の目と耳と肌で感じとり、自己の評価を決定する。乳児期から幼児期の移行期にはどうにか保たれていた甘い自己評価はより現実的なものとなる。

学童期の自己評価の低下は子どもの心の成長において決して悪いことではない。この経験をとおして子どもが均衡のとれた自己像を育んでいくのに役立つからである。そして傲慢でもなく自己卑下的でもない自分自身へと成長していく。

しかし、発達に特異性のある子どもの場合、この適正な自己像の形成がうまく進まない。一つの理由は、発達の特異性のために彼らの自己意識あるいは自己の現実認識の発達が遅れるためである。もう一つは、すでに述べたが乳児期および幼児期の親子関係の形成の困難さから、自己評価の低下によって起きる不安と自己不信を和らげてくれる親子関係や家族機能が働かないためである。

親子関係によりどころを見つけられない子どもの場合、思春期になると、次節で紹介する非行事例の子どものように、とりあえず自分を受け入れてくれる仲間を求めて非行のグループに入っていく。あるいは他者との関わりの薄い子どもの場合、登校渋り、不登校そして引きこもりといった内閉的な世界に閉じこもろうとする。

# 3 思春期の自己形成と親子関係のひずみ

## 度重なる失敗体験と子どもの自己不信

わたしが発達障害による二次的な問題の深刻さに気づいたのは一九八〇年代の初頭である（河野他、1986）。まだLD、ADHD、ASDなどの症状と思春期の精神的不適応の結びつきに関する認識が専門家の間でも薄い時代であった。

当時出会った思春期の子どもたちの事例は、学校での不適応、不登校、家庭内暴力、非行を主訴としていた。これまで経験した事例とは異なり、どの事例の子どもたちも、通常、思春期に見られる精神的葛藤が感じられず、自分が置かれている状態や自分が犯した深刻な問題に対する認識が乏しく、自分の問題に対してどこか他人ごとのような感覚でいるようだった。保護者たちはそれまでさまざまな相談機関を利用していたが、子どもの状態はいっこうに改善せず、いずれの保護者も子どものことで疲れ切っていた。

それらの事例で、生育歴を聞き取ると自閉症とよく似た特徴や通常は見られない発達の特異性、たとえば乳幼児期に形成されるはずの親への愛着が希薄だったり、興味や関心の偏りなどが認められたり、また幼少期から近隣や学校でのトラブルが頻繁に生じていたりしていた。トラブルは子どもの年齢に比して幼い不適応行動がきっかけとなっていたため知的な遅れを疑い、知能検査を施行してみたが、知能は平均かそれ以上の水準であった。ただ、できる能力とできない能力の差が大きく、注意と集中の困難さや状況理解の不適切さが目立った。

当時は、現在のように知的障害がない状態を一般には障害と考えない時代であった。保護者や周囲の大人は、知的障害がなければ順調に育つものと思い、幼児期に親の言うことが聞けず、乱暴な行為や他人に迷惑をかけることを子どものわがままな性格と考えて叱責し、学童期では教科によって成績の差が大きいのを子どものやる気が足りないせいだとみなして、さらに叱責を繰り返し体罰まで与えるようになっていた。

親の言うことに従えないことや学業の不振が、子どもの能力の偏りを原因として起きていることが理解できない状況で、「やればできる」という親の気持ちと「どうやってもだめ」という子の気持ちがぶつかり合い、お互いを理解できない状態が続き、思春期になって相談に来たときにはどの事例も親子関係の悪化が深刻化していた。

子どもにおいては、子ども自身が、頑張っても向上しない学力やよくしたいと思っても改善できない自分自身に落胆し、やる気を早い時期から失い、何をしても無駄と感じて努力することもあきらめ、思春期に至って自分自身を信じることができなくなり、自分の将来を考えようとしなくなっていた。おそらく子どもたちのどこか他人事といった様子の背景には、失敗体験を重ね、自分自身をもてあました末に到達した投げやりな気持ちがあったのだと思う。

## 自己意識の発達の遅れと親子関係のずれ

現在ならば、このような子どもたちはもっと早くに発達の特異性に気がつかれ、思春期に至るまでに何らかの支援的介入を受け、ここまで深刻な状況になるのは避けられたかもしれない。しかし、いつの時代でも発達の特異性とそのことによって起きる問題への支援が適切でないとき、親子関係の悪化と子どもの自己否定的な傾向が生じる。当時の事例はそのことを明確に示していた。

過去には、自閉症の子どもの予後のよさは子どもの知能指数の高さと相関すると報告されたことがあった。しかし、知的障害を伴わない発達障害の場合は必ずしもそうではない。知能指数が標準からはるかに高い子どもでも、能力の顕著な不均衡さがあると、できることとできないことの差が大きくなり、そのために学習が進まない。また、子どもの中にある能力差は学業面に表れるだけでなく、生活面でも状況の理解の偏りや認知のゆがみとして表れる。そのためその年齢で備わるべき常識や道徳観が順調に育たず、思春期に至ると不登校や引きこもりのような非社会的な行動や、乱暴や反抗や非行など反社会的な行動が生じる。

適正な専門的援助がないとき、保護者は子どもの問題の原因が子どもの発達の特異性にあることを理解することは難しく、頻繁に起きる子どもの癇癪《かんしゃく》や反抗や乱暴な行動の対応に疲れ、子育ての気力を失っていく。一方、子どもは、保護者がしつけに疲れ自分のことを叱らなくなることで楽になり、親との葛藤は低減するが、しだいに自分が見捨てられたような寂しさを感じ始める。そして思春期になって、子どもは通常の発達よりも遅れながら自己への関心が高まり、自分の成長のために親の援助を必要とし始める。

## 親子関係のずれと思春期の非行事例

このような親子関係のずれが、発達障害のある子どもと保護者においては思春期に生じやすい。次に紹介するのは、その親子関係のずれが顕著に表れた例である。この事例をとおして発達障害の二次障害における支援の必要性とそのあり方について考えてみたい。

［生育歴と発達の様子］

子どもは、周産期には異常がなかったが、乳児期は癇癪《かんしゃく》が強くよく泣く子であった。歩行は一歳ごろだったがつま先立ち歩きが目立ち、歩き出すようになってからは目が離せず、迷子になっても親を探すことがなかった。幼稚園、小学校では協調性に欠けよく友だちとけんかし、学習面では集中力に欠け成績は悪く、小学校六年生のころには劣等感が強くなり、弟や妹に乱暴して憂さをはらすようになった。

知能検査の結果は平均のやや下であったが、言語表出に関連する能力が標準よりも高く、ほかの能力に比べ一段と優れていた。それは、両親の「口だけは達者で、言い訳は得意」という子どもの姿と一致していた。また「弟でもできるプラモデルも作れない」「初めての自転車は壁に激突して三日で壊してしまった」と保護者が語ったエピソードを裏付けるように、巧緻性の弱さや衝動統制の悪さと不注意の問題が認められた。現在ならばＡＤＨＤと診断されたと思える。

**［来談の経緯］**

子どもは中学になって非行のグループに入り、飲酒・喫煙、家の金を持ち出すなどの虞《ぐ》犯行為を重ね、そのことに困った保護者は、教育相談室、青少年補導センター、児童相談所などを訪れた。しかし、それぞれの機関でもうまくいかず、両親は子どものことをあきらめつつあった。

両親が来談したときは、子どもは非行グループからも除け者にされ、登校もせず家でゲームにふけるようになっていた。保護者が困ったのは、きょうだいにつきまとい、ゲームの相手をさせたり、プロレスの技をかけて泣かせたりするため、弟も妹も兄が家にいるのを怖がるようになったことである。

「長男をきょうだいから切り離してどこか施設に預けたい」それが相談に来たときの保護者の訴えであった。「兄のことはどうしようもないけど、せめて弟と妹がまともに中学に進学できるようにしてやりたい」と母親は涙ぐみながら語った。その訴えの背景には、長男のことで親族から「子どももろくに育てられない親」と陰口をたたかれていた、母親の辛い思いがあった。母親は弟や妹をちゃんと育てることでその汚名をそそぎたかったのである。

〔面接の始まり〕

わたしは子ども自身が来所することを促したが、両親にはその自信がなくしばらく連絡が途絶えた。半月ほどして母親から「子どもが来所する気になったので、気持ちが変わらないうちに早く会ってほしい」との連絡が来た。きっかけは、子どもが非行仲間と久しぶりに会い、顔が腫れ上がるほど殴られて帰宅したことによる。子どもと父親が初めて話し合い、子どもは今の生活から抜け出すために来所に同意したという。

〔最初の面談〕

わたしが来所の労をねぎらうと、子どもは「父親にここがおまえの相談をしてやれる最後のところだから、それなりに対処して来いと言われた。でもこれまで同じようなところに来たがなんの役にも立たなかったから、ここもどうせ同じだろうと思う」と吐き捨てるように言った。

しかし、その投げやりな言い回しとはうらはらに、話し始めると自分の気持ちを次々と語った。中学校一年生の一学期の期末テストのころから授業についていけなくなり不良の仲間に入ったこと、親にこれ以上迷惑をかけたくないから中学卒業後は家を出て働きたいこと、しかし自分は仕事が長続きしないんじゃないかと心配だということ、非行仲間はただ互いに「よっかかり合ってるだけ」だから仲間から抜けたいことなどを話した。

最後に相談を継続する意志を確かめると、「話しに来たい、誰にも相談できないから」と言った。

### 〔面接の経過〕

面接は月に2回ほどを希望し、およそ一年間の相談が続いた。その間、非行仲間と再度つきあうようになり、自転車を盗んで補導されたり、バイクで事故を起こしたり、無免許運転で捕まったりという非行が続いた。

父親は「兄を弟たちから離したい」という母親の意向を汲《く》んで全寮制の進学先を探すのに奔走した。母親は家で兄が弟や妹への乱暴やいじめをやめず、外では非行仲間とまたつき合いだしたために、子どもがよくなることをますます期待しなくなっていった。

### 〔緩やかに表れる面接の効果〕

子どもが非行仲間とつき合い始めてからも本人の意志で相談が続いた。面接では自分が犯した非行のことは話さず、もっぱら小学校のころの自分の様子や、これから家を出て独立することについて話していた。緩やかではあったが面接の効果は少しずつ表れていた。

相談室と最寄りの駅の間に外車のディーラーがあった。彼はそこのオープンカーを見るのを楽しみにしていた。相談が終結となる少し前に「あの車に乗る夢をよく見る。でもいつも途中でガソリンがなくなるんだよ。ふしぎだなー」と夢の中の話をした。自分に何かが足りないと感じていて、それが夢に表れたのだろう。それまでは中学を卒業して家を出ると言っていたが、そのころから「父親にすすめられている全寮制の職業訓練校に進学したい。それが駄目だったら就職するつもりだ。将来を考えると手に職をつけたほうがいいと思う」と話すようになった。

両親とそのことで相談しているのかと聞くと「長時間同じことを繰り返し言われるから、正直に全部は話したくない、それに自分が思っていることと親が思っていることは少しずつ違うから」と言う。両親にしてもらえることもあるのではと言うと、「親ではできない、自分でどうにかしなければならないから」と言う。親にしてもらいたいことはないのかと聞くと「ない。あるのは我がままだけ。何か買ってくれとか、そんなことくらいだ」と言う。これまでいろいろと両親がしてくれたことにふれると、「確かに、一年前は親とも口をきかなかった。ここに来てからだよね、おやじといろいろ話すようになったのは」と淡々と言う。今までになく自分の心の内を見つめて自分自身に話しかけるような口調だった。

それから二回ほどあとの面接が最終日となった。その面接が終わるとき、次回の予約の日は自分から連絡すると言い、待合室で奇声を発していた自閉症の子どもはわたしの担当かと聞いた。そして「ここに来ているほかの子は自分よりももっと大変そう」と言い、帰り際に「いつも自分の言うことをそのまま聞いてくれて、気持ちを吐き出せてすっきりした。吸い取り紙にインクが吸い取られていくようだった」と彼特有の表現をして、深く会釈して相談室を去った。その言動にわたしはこの子どもが自分自身の問題を自分で抱える準備ができたのだと思った。

[その後の様子]

その後、この事例は子どもと父親が話し合い、全寮制の訓練校へと進学した。物理的に離れられたことによってそれ以上悪化することはなかったが、母親の子どもへの気持ちは変わらず親子関係が良好となることはなかった。

## 思春期の自己形成の支援の必要性

一般に子どもの心の成長は早く、その変化をとらえるのが難しい。しかし発達障害のある子どもたちの心の成長は緩やかでその変化がゆっくりと観察できる。この事例の一年間の相談でも、子どもが非行と更生を行きつ戻りつしながらも、面接ごとに少しずつ成長し、将来に向けて自分の方向を考え始めていることが理解できた。

経過を見守って気づくことは、一般に思春期に起きるとされる自己への関心の高まりが、発達障害のある子どもにも同じように生じることである。彼らは定型発達といわれる子どもたちに少し遅れながら、自分自身の問題に気づき、その気づきによって生じる葛藤を抱え始める。そこに至るまでに頻出する幼児期や児童期の問題は、この事例のように保護者が子どもを想う気持ちを裏切るが、それは子どもにおいては自己の特性に自分自身が裏切られる思いを引き起こすことでもある。

知的障害のない発達障害において、発達の特異性を発達特性としてではなく、「障害」として考えなければならないのは、二次的な問題が彼らの自尊感情をゆがめその成長を阻むからだといえる。そのような事例において、思春期の自己形成の支援が特に重要となる。

## 親子関係を修復する支援の必要性

この事例で、子どもとの相談面接は本人が自分に向き合い自分自身の将来を考えることに役立ったが、その一方で親子の関係を修復することはできなかった。相談員の立場であれば子どもの心の成長の緩慢さを我慢し、見守ることは可能であるが、保護者はわが子の成長の遅さに歯がゆさやいらだちを感じる。まして発達の特異性のために自分と子どもとの関係が順調に育たず、思春期を迎えるまでに子どもに何度となく裏切られ、子どもが起こす問題で肩身の狭い思いをし続けていれば、この事例の母親のように子どもがよくなることをあきらめるのも仕方がないことだろう。

しかし、もし、もっと早い時期に関係修復が可能だったら、この事例のような親子関係の破綻を避けることができたと思える。発達の特異性によって生じる二次的な問題は、子どもの幼い年齢のときから認められるが、それらは子どもの発達支援の必要性だけでなく、親子関係への支援の必要性を知らせる「信号」としての意味があるのだろう。

第3章で述べたように知的障害のない発達障害において、その発達の特異性は障害にも、また発達特性にもなりうる。その発達の特異性が影響して起きる親子関係のゆがみを修復し、それらの順調な形成を支援する取り組みが、発達の特異性が障害となるか発達特性となるかに関わっていると思える。

# 第5章

# 保護者支援とペアレント・トレーニング

# 1 子どもを支える保護者を支援するために

親とは子どもの成長のために尽くし子どもの成長を願うものである。それは発達に遅れや特異性があっても同じであり、障害のために生じる成長の壁が厚ければ厚いほど、子どもが成長したときの保護者の喜びは大きい。そして保護者自身の努力が子どもの成長に結びついたとき、その喜びがもっとも大きく感じられる。そのため保護者は子どものよりよい成長を願って試行錯誤する。

本章では主に保護者が子どもとのよい関係を作り、保護者自身の工夫で子どもを成長させ、子どもが成長の壁を越える手助けとなる「ペアレント・トレーニング」の考え方とテクニックを紹介する。

ただし、その実施には保護者自身の努力と労力を伴う。もし心身の疲労が大きくここで学ぶペアレント・トレーニングの技法を実施することが難しいときには、支援者は保護者の心身の回復を優先し、保護者に回復してから実施するように助言してほしい。また、保護者自身も休息が大切であることを自覚してほしい。

## 親子関係の修復

乳児期の愛着形成の困難さやその後の親子関係のゆがみは、子どもの反抗だけでなく家族の特徴によってさまざまな形を取る。たとえば子どもの年齢にそぐわないほど親子が密着していたり、親子関係が逆転し子どもが親を支配していたり、他者への関心が薄い子どもの場合は親子がどこか他人行儀であったりする。そのような親子の関係は子どもが成長する過程で、周囲の人々との関り方に影響し、後年のさまざまな問題の遠因となる。

ペアレント・トレーニングの目的の一つはこのような親子関係を早くに修復することにある。そのためには、まず保護者が親としての自信を取り戻すことである。どのようなときも同じであるが、自信回復には物事を客観的に見ることから始めるとよい。

## 子どもの成長とともに起きる問題を客観的に観察する

自閉症と診断された子どもの相談で、次のような例を経験した。幼児期は物を壊しても家庭の中だけのことで済んでいたが、就学して事態が深刻となったケースである。子どもは自動車のエンブレムに執着していた。一人で外出するようになり車を見て歩くのが休日の日課になっていたが、ある日、他家の車の前飾りを壊してしまった。その弁償に多額の費用がかかり、その後、母親は子どもがまた同じようなことをしでかすのではないかと不安で、子どもが単独で外出するのを禁止するようになった。子どもは家庭で暴れ、保護者はなすすべもなくまた自分を責め抑うつ的な症状を呈し始めた。

わたしはその保護者に子どもと一緒に外出して、子どもの行動の範囲を実際に確かめることを勧めた。保護者はその助言を取り入れ、子どもが日課としていた経路を子どもと二人で散歩し、その道程で子どもが関心をもっている自動車を二人で確かめた。子どもにその車のエンブレムがどうしても欲しいときには、保護者が製造元などに問い合わせるなどほかの方法で手に入れることができることを説明した。

そうやって子どもの行動の可能性を把握でき、子どもと体験的に解決方法を話し合えたことで、保護者の気持ちは落ち着き、子どもも外出するときと外出したあとに、必ずどこに行くか、何をしてきたかを保護者に話すようになった。

この例のように、子どもの行動を客観的に把握することは、保護者の気持ちを落ち着かせる効果がある。これから学ぶペアレント・トレーニングの技法は、この問題の客観化と通ずるところがある。

# 2 ペアレント・トレーニングからのヒント

## 子どもの性格ではなく行動を変える

子どもの行動を客観的に見ることを意図的に起こすために、わたしは「子どもの性格を行動としてとらえる」ことを勧める。

親が子どものことを考えるとき、「優しい」とか「しっかりしている」あるいは「だらしない」とか「やる気がない」など、子どもの長所や短所を思い浮かべる。短所をなくしたいと思うと、極端な場合には子どもの性格を変えたくなってしまう。しかし性格は生まれもった気質を基礎にしており、直接に変化させることが難しい。そこで子どもの性格を変えるよりも、子どもの行動を変化させるほうが容易である。行動は目で見ることができ、耳で聞くことができ、数えることができ、子どもの特徴をとらえやすくするからである。

たとえば、ある子どもの性格のよいところは「人に優しい」ことで、そこを伸ばしたいとしよう。性格としてとらえるなら、子どもに「あなたって優しくていい子ね」と伝えることになる。しかし、それだとほめられていい気分にはなるだろうが、どこが自分の優しさか、子どもには理解できない。とくに発達に特異性があればなおさらである。

記憶の保持が苦手な子どもの場合、ほめられているときには、すでに自分が何をしたかを忘れて、ほめられている理由がわからない。抽象的な表現の理解が苦手な子どもだと「優しい」ということばの意味自体がわからない。また他者の感情や気持ちの理解が苦手であれば、保護者が感心していることすら伝わらない。こういう発達の特異性のある子どもには、行動に着目してほめると子ども自身が自分のよいところを理解しやすくなる。

「優しさ」が、友だちとの遊びに年下のきょうだいを誘ったことなら「今日はお友だちと鬼ごっこしたんだって？　そのときに弟も誘ってくれたんだね。お兄さんらしくてお母さんは感心したよ」と伝えることで、「優しさ」の意味がわかり、兄としての自覚が増し弟の面倒を見ることが増える。あるいは、買い物袋を持ってくれたことであれば、「荷物を持ってくれてありがとう。家まで遠いから、ひとりだったら肩が痛くなっていたわ」と伝えると、荷物を持つことが優しいことだと理解でき、子どもの行動に優しさの方法が一つ増える。

このように行動を見てそれを具体的に子どもに伝えることで、子どもは何が正しいことなのか、何が間違ったことなのかを具体的に理解し、その行動を増やしたり減らしたりすることに役立つ。

## 行動をとらえるための具体的な方法

子どもの長所短所を行動としてとらえるためには方法と練習が必要である。わたしが実施して

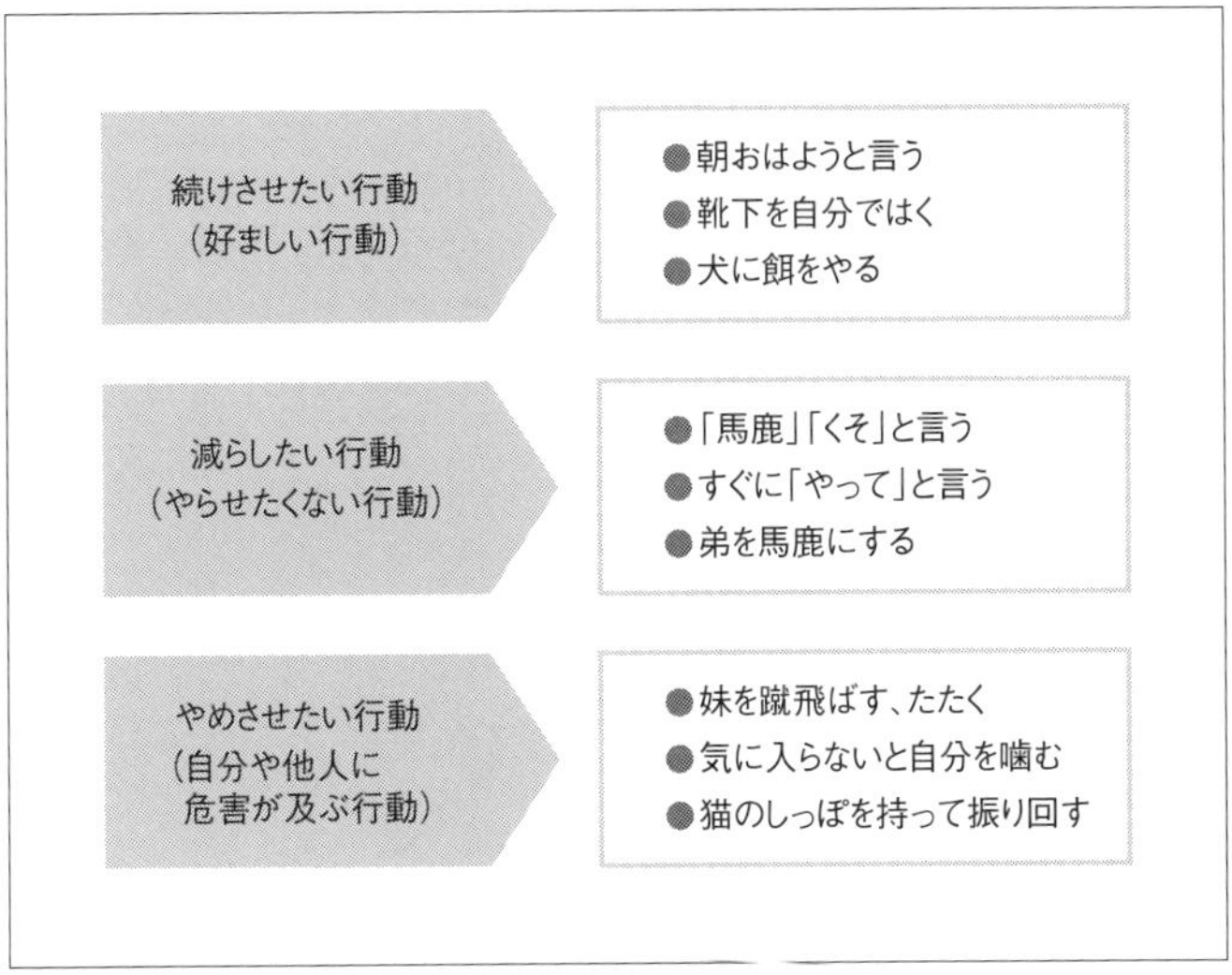

| 続けさせたい行動<br>（好ましい行動） | ●朝おはようと言う<br>●靴下を自分ではく<br>●犬に餌をやる |
| --- | --- |
| 減らしたい行動<br>（やらせたくない行動） | ●「馬鹿」「くそ」と言う<br>●すぐに「やって」と言う<br>●弟を馬鹿にする |
| やめさせたい行動<br>（自分や他人に<br>危害が及ぶ行動） | ●妹を蹴飛ばす、たたく<br>●気に入らないと自分を噛む<br>●猫のしっぽを持って振り回す |

〈図7〉 続けたい行動・減らしたい行動・やめさせたい行動

いるペアレント・トレーニングでは、子どもの行動を「続けさせたい行動」・「減らしたい行動」・「やめさせたい行動」の三つに分けて整理することを推奨している（図7）。後者の二つの行動は同じように保護者を悩ませる行動であるが、「やめさせたい行動」は自傷や他害や公共物や公共秩序の破壊のような身体的被害や反社会的行為である。

ここで大切なのは、「続けさせたい行動」にあげるべき行動は、保護者が子どもにしてほしいと思っている期待する行動ではなく、同じ年齢の子どもであれば当然できて当たり前の行動のことである。日常子どもが行っている行動の中から保護者が好きだと思え、これからも続けてほしいと思う行動を見つけるといい。

しかしどうやっても続けさせたい行動や好きな行動が見つからず戸惑う保護者も多い。「自分は本当は子どものことを好きではないのかもしれない」と反省する保護者もいる。しかしそれは決して保護者が悪いわけではない。子どもの行動に悩まされ続けていると、子どもの心配なところや困ったところばかりに関心が向いてしまいがちで、保護者の視野が狭くなってしまっているからである。

視野を広げ、続けさせたい行動や好きな行動を見つけるためには、子どもの一日の様子を思い起こしたり、ある一日を使って子どもを観察したりするといい。子どもの行動を客観的に見るには忍耐が必要であるが、細かに行動を観察すれば必ず子どもの成長が見つかる。大切なのは「日ごろ見過ごしていた小さなよい変化を見つける」ことである。

## ほめることを習慣にする

保護者が好きな行動で子どもに続けさせたい行動を見つけたら、その中から毎日あるいは週に三〜四回くらい起きる行動を探し、その行動をほめることを計画する。

ほめるとは一般に、「よくやったね」と感心したり、「頑張ろうね」と励ましたり、「ありがとう」と感謝したりすることである。しかしペアレント・トレーニングでは、ほめることを「子どもにできていることを知らせること」、「そのことに保護者が気がついていることを伝えること」と考えている。

たとえば、幼い子どもの着替えをほめるとしよう。一般的には、着替え終わったときに「お着替えができてえらかったね」などと伝える。ペアレント・トレーニングでは、子どもが着替え始めたら保護者は側にいて、子どもの様子を観察し、「おズボンはけたね、今度は上着だね」、「ボタンかけするのね。ボタンの穴、見つかったかな」、「見つかったね。うまくボタンが入ったね」と、子どもの行動をことばにして伝える。

この実況中継のようなことばかけは、ボタンかけが今の課題になっている幼児にその努力をあと押しし、その行動を続けさせる。そして親に見守られている感覚と、「できている自分」を自覚する機会を与える。幼い子どもの成長を促すには、「具体的に、タイミングよく、できている行動を伝える」のがよい。

このようにして子どもが自分のできている行動に気づき、子どもが少しずつ努力したり我慢したりしている様子が見えてくると、保護者は親としての喜びを感じる。そして保護者の自信回復が大きく進む。

## 思春期・青年期以降の子どもをほめるコツ

ほめ方は年齢によって変化し、子どもの特徴に合わせて保護者が工夫する必要がある。大きくなった子どもには、幼い子どものように具体的な行動をタイミングよくほめてもうまくいかない。思春期は子どもなりのプライドがあり、幼い子どものように扱われることを嫌うからである。

子どもが大きくなるに従って、「外面の行動から内面の変化に目を向ける」とよい。年齢が上がるにつれて、価値観、感情、性格など内面のよいところに結びつく行動を観察するようにする。子どもの行動を見守り子ども自身が自分の成長を自覚できる行動を見つけることが大切である。また、すぐにほめずにチャンスを見計らって、成長していることを認めるようなタイミングでほめるとよい。

たとえば考える力、大人としての判断、自制心などをできる限りほめる。具体的な例をあげると次のようなことである。

❶やることの中身が少しでも向上している。
❷感情を以前よりも抑える行動ができる。
❸自発的に賢い判断をする。
❹考えて行動する。
❺ほかの人の気持ちを考える・思いやりや気づかいを示す。
❻誘惑に負けずに家族の決まりに従う。
❼自分のことを理解でき、失敗なども率直に認める。
❽次に起こることを予測して行動する。

まずは、我が子に前述のカテゴリーの中で当てはまる行動がないかを探す。繰り返しになるが、どの年齢においても、ほめるために大切なのは、できている適正な行動をまず見つけること、子どもがその行動ができたことに親が気づいていることを、具体的に伝えることである。

## コツを覚えて自分のペースをつかむ

行動をほめることを続けるには保護者の心身の努力が必要である。子どものことを思うあまりに保護者が自分の心身の負担や疲労を考慮しないと、保護者自身の健康を害してしまう。そこでわたしは保護者が前述したほめ方のコツを習得すれば、疲れたときはひと休みしてもよいと伝えている。一度習得した事がらは頭と身体のどこかが覚えていてくれて、必要になれば使えるようになるものである。

思春期になると性の問題や引きこもりや非行などの難しい問題が起きることがある。その程度や頻度は家族によって違い、またどんなに幼児期や学童期に熱心にペアレント・トレーニングを学んでいても深刻な問題が起きることがある。しかし、ペアレント・トレーニングのフォローアップを長く実施していると、子どもが思春期になった参加者から、ペアレント・トレーニングで学んだことで、慌てずどうにか問題を解決することができたという報告を聞くことが多い。ときどき思い出してほめることを実施していると、子どもと問題の解決を一緒に考える姿勢が親子の間にできるようである。おそらく子どものほうも親に見守られてきた感覚が根付いていて、親と相談することは自分にとって得になることを理解しているのだと思う。それは長く保護者のグループをフォローしていて実感することである。

## 「三つのWと一つのH」で行動と状況を整理する

行動を整理して効率のよい対処の方法を考えるには、いつ（When）、どこで（Where）、だれと（Who）、どのように（How）という「三つのWと一つのH」で行動を分析するのがよい。英文法ではほかにもWとしてWhyがあるが、ペアレント・トレーニングではこれを使わない。なぜなら、それは子どもの行動の理由を考え始めることになるからである。「どうしてこの子はこんなことばかりするのだろう」、「なぜそうなる前にやめてくれなかったのだろう」というような親としての悲しさやふがいなさを感じてしまう。これらの感情は客観的に行動を分析する邪魔をしてしまうため、感情的な要素を引き起こしやすいWhyは使わないようにしている。

このいつ（When）、どこで（Where）、だれと（Who）、どのように（How）は、子どもの行動をほめるときにもまた後述の困った行動に対処するときにも役立つ。行動がどんなふうにして起きたり、持続したりしているかを分析する際の基本だからである。

次に、ほめる行動を探す際の実際の例を示そう。

ペアレント・トレーニングに参加したある保護者が、三つの行動の「続けさせたい行動」として「本を読んでいること」と述べたことがあった。それだけでは状況がわからないため、わたしが、いつ（When）、どこで（Where）、だれと（Who）、どのように（How）という点から質問した。保護者の話の詳細は次のようなことであった。

ある日、保護者がたまたまリビングで雑誌を読んでいたところに、子どもが帰ってきた。すると子どもは黙ってランドセルから本を出して、保護者の隣で読み始めた。保護者が台所に立っても子どもはそのまま本を読み続けていた。いつもは子どもが保護者にまとわりついて夕食の準備の邪魔をするのに、その日はとてもスムーズに準備ができた。翌日から子どもが下校する時間に保護者がリビングで本を読むようにしたら、夕食の準備の時間に子どもが読書をすることが習慣になった。

このように、ある行動が起きる状況を「三つのWと一つのH」を使って分析してみると、その行動が定着する経緯が客観的に理解できる。

この子どもの行動で保護者がほめたかったのは、当初の「本を読んでいる」ではなく、「本を読んで夕食の準備を待つ」であった。またその行動が定着するには、毎日そうすることを日課にした保護者自身の気づきと工夫があったことも明らかになった。

次に述べる困った行動への対処を検討する際も、いつ（When）、どこで（Where）、だれと（Who）、どのように（How）という「三つのWと一つのH」で考えるとよい。

## 困った行動には四つの種類がある

前述した三つの行動のうち、「減らしたい行動」・「やめさせたい行動」を整理してみると、保護者を困らせる子どもの行動には四種類あることがわかる。それは次の四つである。

❶大人の否定的な注目が増やしている行動
❷指示しないとやらない行動、あるいはやめない行動
❸わかっているようで、実際にはどうするのかわからない行動
❹こだわり行動と習癖となっている行動

次にこの四つの困った行動のそれぞれの対処方法について述べる。

## 否定的な注目が増やしている行動への対処法

❶の「大人の否定的な注目が増やしている行動」の典型的な例は、買えないものを子どもがしつこく要求するのを叱れば叱るほど、屁《へ》理屈をこねてより強く要求してくるとか、親子で言い争いになると汚いことばで言い返してくるとかである。

この子どもの行動は保護者が子どもの言動に否定的な注目を与えることによって起きている。

そのためにまず子どもの行動を無視しなければならない。この場合の無視は、仲の悪いふたりが

互いを無視したり、相手を傷つけるためにわざと聞こえないふりをしたりすることではない。単純に子どもの行動を無視することであり、正確には保護者の「否定的な注目を取り去る」ことである。そして子どもが要求や罵りをやめるまで「待つ」ことである。

次にしなければならないことは、小さなよい変化をほめることである。保護者は待っている間に冷静な気持ちになって、子どもの行動が変化したときに否定的でない注目を与える方法や再び話をする内容を考えておく。

子どもの行動が沈静化して少したったところで、子どもに話しかける。ただし、話題は子どもが興味をもつことであり、「先ほどの態度はよくないでしょう」と蒸し返すようなことはしない。それまでの反抗的な態度がおさまったこと、その小さな変化に気づいていることを伝えることである。どのような小さな変化でも、反抗的態度よりも少しましなよい行動としてとらえ、そのことに肯定的あるいは中立的な注目を与えることが大切である。

❶への対処方法を要約すると、「無視・待つ・ほめるの組み合わせ」となる。この対処方法の要点は、無視の対象となる困った行動をあらかじめ決めておき、それが決まったら、その行動が起きるタイミング、保護者自身の視線を向けないこと、体の向きを子どもと別の方向にすること、表情や感情を抑制することなどを意識して、「無視・待つ・ほめるの組み合わせ」を事前に練習しておくことが大切である。事前の練習は保護者自身の感情のコントロールにもなる。

## 指示しないとやらない、やめない行動への対処法

❷の「指示しないとやらない、やめない行動」は、いつまでも宿題に取りかからない、いつまでもゲームを続けるなどであり、頻繁に認められる子どもの困った行動である。多くの場合この困った行動は、保護者の指示が子どもに伝わらないことから起きる。それには「CCQ」を使って対応する。「CCQ」とは穏やかに（Calm）、近づいて（Close）、静かに（Quiet）の頭文字を取ったキーワードで、何を子どもがやるべきかが子どもに伝わる具体的で冷静な指示である。

親子関係で、子どもが反抗的であったり、甘えて依存的であったりすると、子どもは保護者の言うとおりにすることは少なく、保護者は感情的で抽象的な指示をしがちになる。たとえば、子どもに風呂に入ることを促すとき、「いつまでテレビ見てるの！」「早く入らなきゃ冷めちゃうよ！」などと感情的な指示をしていることが多い。そのとき子どもは、「僕は熱いの嫌いだから、冷めたくらいがちょうどいいんだ」などと心の中で反論しているのかもしれない。

まずは、子どもが何を指示されているかがわかるように、やるべき行動が伝わる表現でなければならない。よく親が子どもに言う「いい加減にしなさい」、「もう知らないよ」、「自分のことでしょ」などのフレーズは、親のいらだちを子どもにぶつけているだけである。つまり感情的な指示は感情しか伝わらない。

まず、気持ちを穏やかに（Calm）にして、子どもが何をすべきか、それをどう表現するかを

考える。ただし本心から穏やかにはなかなかなれない。だから深呼吸して気持ちを整えて少し気分を変える程度である。次に子どもに近づいて（Close）、静かに名前を呼んで子どもの注意を自分にひき、視線を合わせて静かに（Quiet）「お風呂に入る時間です。お風呂場に行きなさい」と伝える。これが「ＣＣＱ」である。

子どもが、テレビから目をそらして保護者を見たり、テレビを消すことに同意したり、テレビの前から立とうとしたりしたときは、これを小さなよい変化としてとらえ、うなずくなり微笑むなりして、子どもがよい行動を取ろうとしていることに保護者が気がついていることを伝えることが大切である。

## わかっているようで、実際にはどうするのかわからない行動への対処法

❸の「わかっているようで、実際にはどうするのかわからない行動」は、その年齢に不相応な行動や、ある状況ではできたのにほかの状況ではできない行動である。たとえば、私がペアレント・トレーニングを始めたころの話であるが、小学校高学年の子どもで、「お風呂の水を見てて」と言われて、水があふれてもじっと見ているという例があった。このような常識の欠落や含意の無理解は、ＡＳＤの特性のある子どもに多い。発達の特異性による関心の狭さから、日常の生活

場面で自然に学んでいるはずの事がらが抜け落ちていたり、特定の表現が特定の場面とのみ結びついていたりして、ほかの場面には応用できないためである。

「見てて」という表現は、『ある状況を見てて、何か対応する必要があったら、それに対応してほしい』という意図で使われるが、「お風呂を見てて（水があふれないように）」と「弟を見てて（危なくないように）」と「お鍋を見てて（吹きこぼれないように）」という表現のどれかはできるのにほかはできないということが起こる。おそらく具体的な行動は学習することができても、意図を学習することが苦手なのであろう。

そのため困った行動の中には、子どもが意図してやらない、あるいはわざとやる悪い行動のほかに、やり方がわからない行動が混ざっている。それらの行動は、子どもがどこでつまずいているのかを、子どもの行動を観察し、「手助けの工夫」や「思い出させること」が必要か否かを判断しなければならない。子どもに「手をかけすぎると依存的になる」とよく言われるために、どこまで手を貸していいのか迷うだろう。その場合、前述のようにCCQで指示しても子どもが指示に従えないときや、心理検査の結果を伝えられたときに「情報の取り入れ方や処理の仕方に得手・不得手がある」などと指摘されている場合は、手助けが必要かどうかを検討することが必要である。

日ごろの子どもの様子を観察することから始めて、つまずきや苦手とするところを見つけ出すには、前述の「三つのWと一つのH」で行動の流れを整理するとよい。うまくできない事がらの手順を細分化して、できること、できないことを整理し、どのような手助けが必要か、たとえば、記憶に問題があれば保護者が声をかけるタイミングを検討し、手先の不器用さがあれば難しい操作の部分だけは保護者が代わりに行う。

先述の風呂の例は、現在のような自動止水になる以前の話である。小学校五年と六年の二人の子どもの例だったが、一人の子どもは視覚的情報が役立つ子だったので、バスタブに赤いテープで水の適量の位置を示して「ここまで水が入ったら蛇口を締めましょう」と指示して成功した。もう一人の子は聴覚的情報が役立つ子だったので、水を止める目安の時間をタイマーを使って知らせることでうまく対処できた。このように行動のきっかけを起こすのに視覚的情報あるいは聴覚的情報を与えるのが有効かどうかも考えるとよい。

## こだわり行動と習癖となっている行動への対処法

❹のこだわり行動、習癖となっている行動は、三つの行動の分類では「やめさせたい行動」に分類されることが多い。自傷や他害ほどではなくてもほかの問題行動と比べて保護者を悩ませることが多い行動のようである。次の三つの例はいずれも小学校中学年の子どもである。

事例Ａ：食事中に弟がものを食べるときのかむ音が気にかかり、弟が食べる様子をじっと見るようになり、そのうち弟が食べ物を口からこぼすと「こぼした」とそのつど言うようになった。幼い弟は夕食のたびに泣き出し、保護者は食事を楽しむことができなくなった。

事例Ｂ：宿題を実施する前に必ずすべての鉛筆を自分で削りその際に少しでも先が欠けるとやり直すため、宿題になかなか取りかかることができなかった。保護者は子どもの宿題に夜遅くまでつき合わなければならずいらだっていた。

事例Ｃ：爪かみの癖が強い子どもがいた。いつから始まったか保護者の記憶は定かではないが、当時は爪切りを使う必要がないほど習慣化していた。

事例Aと事例Bのこだわり行動は、感覚の過敏さや興味・関心の偏りなどASDの発達の特異性が背景にあった。そのことから生じた行為が習慣化し、一種の儀式的な行為となっていた。儀式的な行為は、アスリートが試合に臨むときにそれぞれルーティン行動があるのと類似し、それは他者から見ると無意味な行為であるが、その人にとっては気持ちを落ち着かせるために必要な行動である。そのためなかなかなくすことが困難であった。

事例Cの爪かみは神経性習癖と呼ばれることもあり、不適切な行動ではあるが、これも気分の不安定さをなだめる自己刺激である。気分安定のための自己刺激は乳児の指しゃぶりに認められる。指しゃぶりは空腹のためというよりも、入眠時によく認められるように、指を一定のリズムで吸うことによって、覚醒から睡眠に移行する際の生理的な不安定さを和らげる役割を果たしている。大人にも認められる「貧乏ゆすり」も同様に気分安定のための自己刺激的な行為である。

こだわり行動や神経性習癖は、以上のように生理的な気分の不安定さと関連しているために、禁止しても減らすことが難しい。対応としては環境調整といって、それが起きないような状況や起きても困らないような状況を作ることがもっとも効果的である。これまでの対処法は子どもの行動を変えることを目的としたが、これは環境を変えることを目的とした方法である。

事例Aでは、向かい合っていた兄と弟の席を変更した。兄が座る場所にこだわることを想定して、四角形の食卓を丸テーブルに買い替えて、弟の席を兄から見えない位置に変えた。このような保護者の工夫が問題を解決するのに役だった。事例Bでは、鉛筆削り器を使うことを促したり、宿題を始める時間を早めたり、宿題の量を減らしたりなど試行錯誤したが、うまくいかなかった。結局、本人の同意を得て一本の鉛筆を残し、ほかは保護者が事前に削ることで鉛筆を削る時間を短縮して解決した。

事例Cは、爪かみがいつ起きるかを保護者が観察した。保護者がそばにいるときには起きず、ひとりで何もすることがないときに生じることがわかった。そこで保護者は子どもにプラモデル作りやビーズ遊びなどの手を使う活動に関心をもたせ、ひとりでいるときにはプラモデルやほかの工作遊びをするように子どもに促した。それによって相対的に爪をかむ時間を減らしていった。

事例Cのような、より適応的な行動を増やすことで問題行動を減少する方法は、時間がかかるが確実である。同じような行動に適応的な行動と非適応的な行動があるとき、適応的な行動を増やす方法は、神経性習癖だけでなくこだわり行動やほかの困っている行動を減らす場合にも有効である。

こだわりや神経性習癖は本人が気づかないうちに始めてしまう例も多い。子どもの年齢が高く、自分のこだわり行動や神経性習癖を改善したいと本人が思うのであれば、親子で合図を決めておき、その行為が起きたときに保護者が気づかせるのもよい。たとえば子どもが爪をかみ始めたら、保護者が黙って子どもの肩を軽くたたくなどして子どもに知らせるとよい。

## 「叱ること」と「罰する」ことの正しい意味

最後に罰について述べよう。罰はその行動を抑制するために与えられることが多い。そのため子どもが罰に懲りて二度と同じことをしないように、厳しい叱責や重い罰を保護者は与えがちになる。保護者はこれだけ強く叱れば子どもも懲りて二度と同じことをしないだろうと思うが、保護者の意に反して子どもは同じことを繰り返す。それは子どもの深刻な問題行動の多くが、本人の意図や欲求から生じるのではなく、その子どもの発達の特異性によって生じることが多いからである。

子どもに罰を与える場合には、子どもが自分の行為に責任を取らなければならないことを学ぶ機会としてとらえられるようにしたい。懲らしめるための罰ではなく、責任をとることを学ぶ機会としての「正しい罰」を与えるほうがよい。たとえば、きょうだいで遊んでいて、弟の番なのに玩具を兄が独占した場合、次のどちらが正しい罰だろうか。

一つは、ゲームを保護者が取り上げ、兄が使っていた時間の分、弟だけがその玩具を使えるようにする。もう一つは、ふたりを別々の場所に移し、ふたりで遊べない時間を作る。前者は弟に代わって保護者が仕返しをするようなものであり、後者は弟とふたりで遊ぶことの楽しさを奪われることになる。わたしは前者のような罰は子どもにとって悔しいとか意地悪をされたというような被害的な経験にしかならないように思う。それに対して後者のほうは、きょうだいで遊ぶことの楽しさを再認識し、子どもが自分のしてしまったことの意味とその結果を知る機会になると考える。

罰はできれば与えないで済ませたい。そのために、これまで述べてきたように子どものほめ方を工夫し、子どもが適正な行動が取れるように上手に援助して、そのことで成功する体験を子どもと保護者が共有することを優先したい。もし罰を与えるとしたら、子どもに自分の行動の責任の取り方を教えることとして、子どもへの罰の与え方を十分に慎重に検討し、計画的に与えてほしい。

## ペアレント・トレーニングのヒントを活用するために

これまで述べてきた子どもの行動の観察や「三つのWと一つのH」を使った行動の分析には、保護者の集中力と持続力が必要である。それは通常の子育てではあまり求められない負担である。

発達の特異性のある子どもの保護者はこのような特別な努力をしているのであるが、親として当然のことであると考えられ、保護者の苦労がねぎらわれることは少ない。そこで、できるならば集団で行うペアレント・トレーニングのグループや、同じような発達の特異性のある子どもをもつ家族会に参加することを勧めたい。

集団でのペアレント・トレーニングでは、同じ立場にある保護者との出会いも保護者の自信回復に効果があるからである。多くの保護者は子どもに関する悩みをほかの保護者に理解された経験が少なく、ペアレント・トレーニングに参加するほかの親から、同じ体験が語られると参加者同士に共感が生まれ、疎外感や孤立感から保護者が解放される。この情緒的な癒し体験は家族会などでも経験される。ほかの関係ではなかなか得ることのできない、ピアサポートやピアカウンセリングの効果である。

ただ、少し気をつけなければならないのは、同じように子どもに発達の特異性があっても、実際には子どもの特徴や家庭状況に違いがある。たとえば、知的な遅れの有無、登校渋りや不登校、乱暴な行為の深刻さ、学校との連携のよさ・悪さ、伴侶の協力の度合い、離婚や単身家庭、経済的な違い、ほかのきょうだいの状態など、きりがないほどの個人差がある。「等質な仲間」だという感覚は、一方で、異質な参加者に対して排除的になりやすい。そのため保護者同士の共感性のみに支えを求めることは危険である。

また子どもと家族に個別性があるため、ペアレント・トレーニングのすべての技法が必ずしも問題解決に有効ではないことがある。集団のペアレント・トレーニングで技法の習得を強制されたり、課題の失敗を保護者の問題とされたりするようなら、そのグループの参加を見合わせることを検討したほうがよい。

保護者自身が支援の質を検討し、また自身のペースを作りながら子どもの支援を実施することも大切だと思う。

# 第6章

# 本人ときょうだいへの支援

# 1 本人の自己理解と障害認識の支援

## 本人の障害の認識と障害の告知

ＡＤＨＤや知的障害を伴わないＡＳＤの症状が、場所と状況と対人関係に応じて変化するため、保護者には、子どもの発達の特異性はコインの裏表のような「障害」と「個性」の二面性として感じられる。しかし子どもにとって発達の特異性は、ほかの性格や家族の価値観などと分かちがたく結びつき、いわばマーブル状に融合した自分らしさとして感じられるだろう。

子どもが問題を起こすたびに、その問題と障害との関連を説明されても、その説明が理解できず自分が否定されていると受け取ったり、理解できたようでもしばらく経つとまた同様の問題を起こしてしまったりするのも、障害を客観的に理解することが困難であるからである。

また子ども自身が自分の発達の特異性を理解していることが望ましいと考え、早期に医療機関で診断と障害名告知を行っても、しばらく経つと障害を伝えられたこと自体を忘れてしまったり、逆に診断を知ったことで、「だってぼくは発達障害だからしかたない」など責任の言い逃れや努力の放棄の口実に診断名を使ったりする子どももいる。あるいは障害名がついたことを自慢げに友人に話したために、かえって学校で「障害」のある子と特別視されるようになった例もある。

しかし現実問題として、子どもを療育に通わせるときや、特別支援教育の制度を利用するときや、症状を緩和するために投薬を開始するときや、学校の理解を促すために担任や他児の保護者らに障害を開示しなければならないときなどには、本人に障害名を告知することが必要になる。

## 障害を伝える際の留意点

子どもに障害について伝えるうえで大切なことは、診断や障害名ではなく発達の特異性を本人にどのように理解させるかである。子どもに、いつ、どのようにして、また誰が、障害を告知すべきか。それはそれぞれの状況によって異なるが、少なくとも次のことを保護者と支援者は認識しておかなければならない。

❶本人にとっては自分のどこが障害なのかを理解することは難しい。つまり本人にとって障害と個性は未分離で混沌《とん》とした状態である。

❷思春期における障害の認識は、精神発達の過程で生じる自己同一性の確立と深く関連しており、障害の認識を自己理解の過程として考える。

❸思春期の子どもの場合、障害を認識するためには「自分のことを理解したい」という自らの意思が必要である。

「障害」ということばは否定的で負のイメージをもっており、「障害」ということばと自己の発達の特異性が関連していることを受け入れるためには、本人が自分自身を肯定する態度が形成されていなければならない。そのため何よりも大切なのは、子どもが自分を尊重する感覚を保護者と支援者がともに育てることである。

## 本人の障害の認識の支援

わたしは小学校高学年や思春期の事例で本人と障害について話し合うとき、本人の発達特性がもたらす利益と不利益をテーマにする。その際、次のような要領で面接を進める。

❶まず周囲との関係で生じる問題と状況を、本人が考えられるように図示したりして具体的に整理し、そこで生じた問題が周囲にどんな影響を与え、周囲がどう感じるかを説明する。

❷次に問題が周囲に影響を与えることで、本人にどんな不利益が起きうるか、例を示して説明し、それを避けたいか否かを尋ねる。

多くの子どもは相手の立場に立って物事を考えることが苦手で、自分の行動が周囲の人々にどのような影響を与えるかを理解することが難しい。そのため、前述した事がらは一度に完全に理解させることを目標にせず、回数を分けたり、同じような状況が起きるたびに話題として取り上げ、「相手はどう思ったり、どう対応するだろう」と投げかけたりして本人に考えさせる。

そして、これらの話し合いとともに、次のように本人が問題を回避したり解決できたりするような工夫や手助けを行う。

❶課題や問題となる行動を回避するために別の方法や手立てを本人と検討する。

❷課題や問題の解決にあたって他者の援助が必要な事がらを検討し、誰にどのようにあるいはどこまで支援してもらうと解決できそうか本人と検討する。

❸これらのことを実行するうえで保護者や学校などの理解が必要な場合は、本人と保護者また学校との話し合いの機会に、本人の意向を伝える仲介者あるいは代弁者となることを約束する。

❹以上のことを積み重ね、発達の特異性は「個性」でもあるが、社会との関係で不都合に働いたときは「障害」と呼ばれることを説明する。

## ニーズに合わせた支援の仕方

障害について話し合いと説明を行うには、本人が相談員を信頼していることが必要である。そうでないと、話し合いは本人にとって負担であり、問題や課題の解決方法の提案は自分を否定されているように受け取られる。信頼感を作るには、問題が起きていないときの面接が大切である。そのために次のような態度を忘れないようにしている。

❶話の腰を折らない。
❷否定的なコメントを差し挟まない。
❸話題を評価しない。
❹今後の心配や懸念を言わない。

このような聞き取りかたはカウンセリングで重視される「傾聴」ではないかと言われることがある。しかし共感を伴った傾聴とは根本的に異なる。相談員としてのわたしの内面では、前述の❶から❹とは反対の意識が常に起きているからである。たとえば、❶では「この冗長な話はいつまで続くのだろう」、❷では「もっと普通のやり方があるのに」、❸では「そうしないほうがよかっただろうに」、❹では「この話を友人にしたら誰も相手にしなくなるだろう」など、否定的な評価が頭の中で渦巻いている。

ただし、本人を否定しているのではなく、世間との兼ね合いで彼らの話や態度がどのような印象をもたれ、どのように評価されるかを考えている。この世間における否定的な評価は、本人と障害について話し合う段階まで心の中にしまっておき、面接ではおくびにも出さない。

それは、来談する子どもたちはこれまで自分の話を、中断されず、批判されず、最後まで聴き取ってもらった経験が少ないと思うからである。支援者への信頼は、自分の話を飽きもせず否定もせず聞いてくれる相手は希有な人で、そういう関係を失いたくないという気持ちから始まるのだと思う。それは信頼感というには幼く利己的な感覚であるが、発達の特異性のある子どもの他者への最初のニーズであれば、まずその感覚に応えることが必要であり、それが発達障害における本人支援の出発点だと思う。

## 障害認識を支援するポイント

わたしは前述の態度が大切であることを、思春期の事例をとおして経験的に学んできた。しかし思春期の困難さを乗り越えてきた保護者も同様のことを行っていることに、ペアレント・トレーニングのフォローアップで気づくことがある。

フォローアップとはブースター（充電）とも呼ばれ、ペアレント・トレーニングで学んだ考え方や技術を忘れないようにするための保護者への事後サービスのようなものである。わたしが行っているフォローアップには、学齢期から思春期、成人までさまざまな年代の子どもの保護者が参加する。子どもの年代の異なる保護者が混合しているおかげで、子育てや思春期の問題について保護者の体験が交換される場として役立っている。

フォローアップでよく話題となることの一つが、本人への障害の告知である。参加者の話題には、子どもに障害を伝えて成功した例と失敗した例があるが、成功例に共通することは、小さいときから本人の話をしっかりと聞くことと、問題を回避する方法や課題の具体的な解決策を子どもとともに話し合うという習慣があることである。このような成功例でも子どもの成長が必ずしも順調に進んでいるわけではなく、子どもの登校渋りや不登校の問題などが生じるが、子どもと根気よく話し合うことでその問題に対応し解決の方向を見つけている。

わたしが事例から学んだことと保護者の成功例とは、子どもとの対話の習慣があり、問題解決をともに考え、子どもが成功体験を得られるように援助する点で共通している。このような支援のあり方が、子どもが自分の発達の特異性が「障害」であり、他者からの支援が必要なことを理解するうえで重要なポイントであると言える。

## 2 発達支援のための個別の指導計画

### 特別支援教育と教育現場の変化

障害に対する差別解消と共生社会の実現は国際的な動向となり、我が国も二〇〇〇年代に入り急速に教育や福祉の法制度と施策の改変を行ってきた。大きな法制度の改変は、二〇〇六年の「学校教育法等の一部を改正する法律案」の成立と、障害のある人への合理的な配慮を義務づけた二〇一六年の「障害者差別解消法」の施行である。

それに合わせてインクルーシブな教育を目標として二〇〇七年に特別支援教育が本格的にスタートし、障害のある子どもの教育制度において、従来、障害種別と程度によって学習の場が区分されていたのが、個々の子どもの教育上のニーズに合わせて、特別支援学校から通常学級まで就学先や学習の場を広く選択できるようになった。この改変に伴い教育現場では、通常の小中学校や学級で障害のある子どもを受け入れるようになり、特別なニーズのある子どもへのさまざまな支援の方法が導入された。

わたしは心理士としての立場で、支援の必要な子どもとその学校の教師への助言のために学校を訪問する。これまでの学習指導や学級経営のスキルでは対応が難しいようで、逸脱行動のある子どもの個別の教育支援計画・個別の指導計画の立案に、どこの学校も苦慮しているのが現状である。本節では、ある保護者と教師が個別の指導計画の作成をとおして子どもの発達支援を行った事例から、保護者と支援者の連携のあり方を検討したいと思う。

## 保護者と教師と相談員の三者の話し合い

その事例に関わったのは特別支援教育が実施される数年前のことであった。通常学級に就学した自閉傾向と知的障害のある子どもの事例である。

子どもは教室に入らず校内を徘徊《はいかい》し、学校側は特殊学級に子どもを移すべきだと考え、保護者側は普通学級に留まることを希望していた。わたしは、子どもが一年生のときに保護者と学校側に対して個々に相談を行い両者の意見調整を図ったが、結果はうまく運ばなかった。

子どもが二年生になって、母親から子どもの個別の指導計画を作ってもらいたいとの申し出があった。わたしが保護者の希望を担任教師に伝えると、教師は初めて障害のある子どもの担任になり自閉的な逸脱行動への対処に苦悩していたため、母親の提案に即座に同意した。そうやってわたしと保護者と教師の三者の話し合いが始まり、個別の指導計画を立案するために毎週ないしは隔週で三か月ほどの話し合いを続けた。

## 試行錯誤の個別の指導計画

最初の話し合いの日、母親が子どもの学校での逸脱行動に対して立てた目標は、「教室でひとりでプリント学習をすることを習慣にしたい」であった。それは家庭で母親が傍らにいることでできているが学校ではもっとも困難なことであった。一方、担任教師の立てた目標は「席についていること」であった。教室から出て校内を徘徊《はいかい》している状態では、これもこの子どもの目標としては難しかった。

子どもの実際の状態とかけ離れた個別の指導計画は役に立たない。わたしは三者の話し合いで子どもの行動の現状を共有することから始めようと提案した。その話し合いと個別の指導計画の作成の経緯は次のようであった。

①学校と家庭の行動の照合：学習や生活スキルなどいくつかの領域に分けて「家庭でできること」と「学校でできること」を母親と担任教師のそれぞれが書き出し、家庭と学校での子どもの状態の一致と相違を照らし合わせる作業を行った。

②「手の届く目標」の作成：家庭と学校で一致している行動をベースに、子どもの行動改善のための目標を母親と担任教師がそれぞれあげ、ふたりのあげた共通の項目の中から、「手の届く目標」を合いことばに、学校で実現可能と思える目標行動を決める作業を行った。

③最初の計画の実施：次の三者の話し合いを二週間後として、その間に②で立案した計画を担任教師が実行し、母親が子どもの下校につきそうために来校したときに確認することとした。

④領域別の目標の失敗：当初、わたしたちは身辺自立、学習、友だちとの交流など、行動領域ごとに目標行動を立てたが、それを実行してみると目標行動の前後の状況が日によって異なるために、計画にそった対応が難しいことがわかった。

⑤保護者と教師の共同のアイディア：母親と担任教師は学校での時間の流れにそって目標行動を立てるというアイディアを思いつき、それにそって「朝の行動」、「昼の行動」などの時間帯に分けて目標行動を見つけることとなった。

⑥学校でできていることの再評価：時間帯ごとに目標行動を立て、その行動を「できている」と「難しい」と「できていない」の三段階で担任教師が評価し、母親がそれを確認した。そして「できている」か「難しい」と評価された行動の中から、最終の目標行動を決定する作業を行った。

⑦保護者と教師の協働：前述の作業後は、母親と担任教師が学校でふたりで話し合って目標を修正するようになり、両者から、自分たちが立てた計画を実行した結果の報告のために来所したいとの申し出があり、その報告をわたしが確認することが三者の話し合いの目的となった。

⑧保護者と教師の「個別の指導計画」の立案：母親と担任教師が立てた個別の指導計画は「できるようになってほしいことと、その対応」と題され、「1．朝の活動の習慣化」「2．午前の授業と学習」「3．給食と昼休み」「4．午後の授業と学習」「5．帰りの準備」と時間ごとに目標行

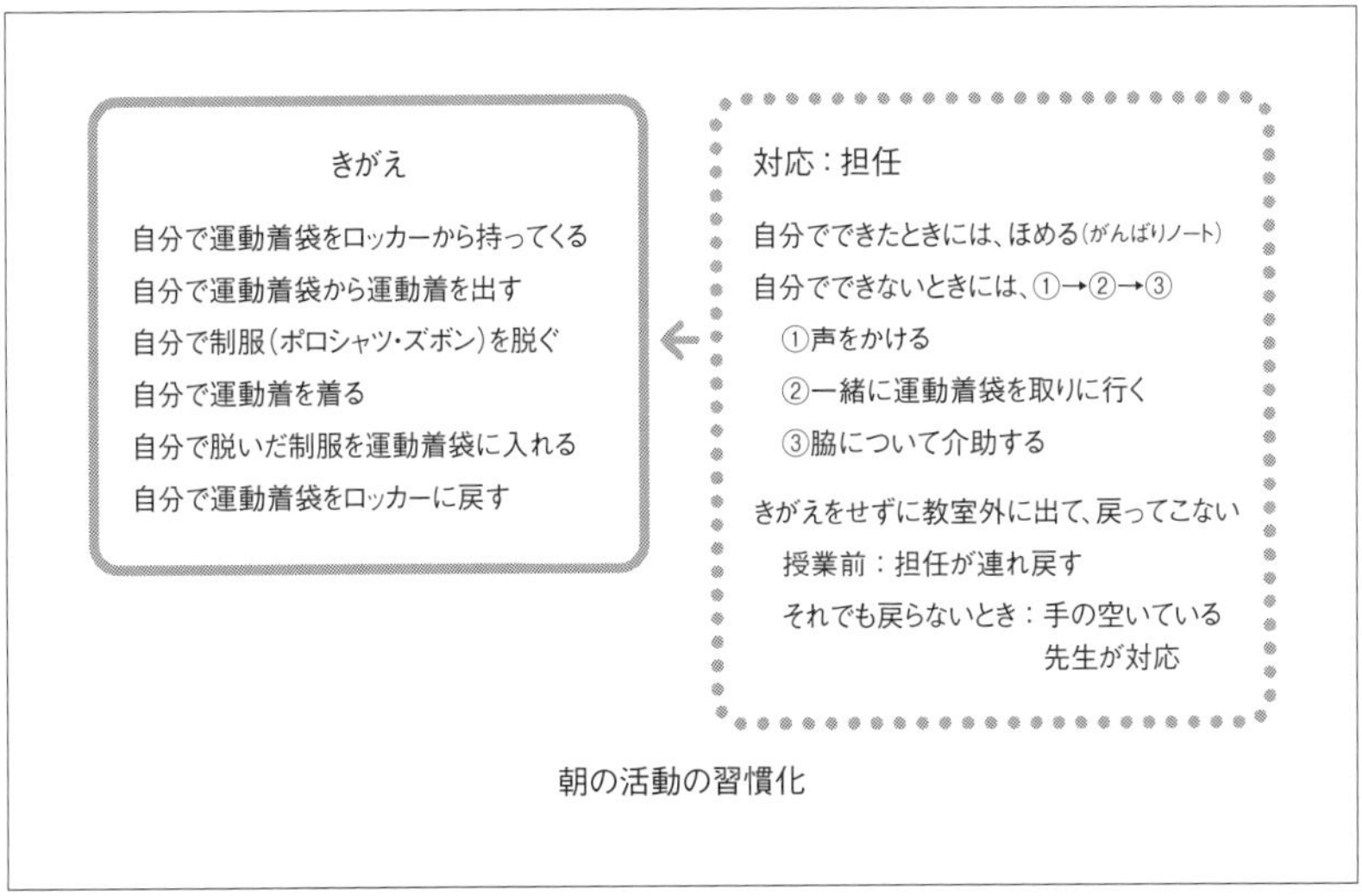


〈図8〉 できるようになってほしいことと、その対応

動があげられ、その行動の対応が具体的に記載されていた。たとえば「1．朝の活動の習慣化」では「きがえ」、「ランドセルの中身を机に入れる」などの項目に細かく手順が行動として区分され、それぞれの行動ができないときの手助けや、逸脱行動が生じた場合の対応方法が明示されていた。上図は「きがえ」の例である。

## 事例のその後の経過

この事例の子どもは、二年生の二学期には校内を徘徊《はいかい》することはなく、教室で落ち着き無意味な離席はなくなり、授業中は本児の能力に合わせたそれぞれの科目のプリント学習を行うようになった。担任教師が体育や総合的な学習の時間に他児と交流できる内容を工夫したことで、他児も本児との関わりを楽しむようになっていった。

そして四年生に進級する際に保護者からの申し出があり、知的障害児学級へ転級することとなった。それは知的障害児学級に移行することに反対していた父親が、子どもの変化から細やかな指導が子どもに必要であると考えるようになり、より個別な指導を望んで知的障害児学級を希望するように変わったからである。そうなった背景には母親と担任の協働作業によって、小さな目標が一つひとつ達成され、子どもの発達支援が確実に進んでいったことが大きい。

## 保護者と支援者の連携のあり方

わたしはこの事例を経験して主に二つのことを学んだように思う。一つは、保護者と教師との連携には中立的な立場を取る第三の支援者の仲介が必要であり、その三者の協議の場と機会が保障されることが望ましいということである。特別支援教育コーディネーターなどがその役割を取る立場であることも多いが、学校内の職員がその任を担当していると、中立的な立場を取ることは難しい。

現在、特別支援教育の定着のために、スクールカウンセラー、スクールソーシャルワーカー、市町村や区の教育相談員、巡回相談員、通級指導の教員など、さまざまな職種の専門家が支援を必要とする子どもに関わっている。このような職種のうちの誰かがそれぞれのケースに応じて、前述の事例でのわたしの立場のように保護者と教師を結ぶ役割を取ることは可能なのではないかと思う。

もう一つは、個別の指導計画や個別の教育支援計画の成果も重要であるが、その立案と検証を教師と保護者が協働で行うプロセスが大切だということである。そのプロセスの中で、保護者は子どもの障害や発達の特異性についてより適切な認識をもち、子どもの発達支援の正しい方向を考え始める。また教師も保護者と話し合うことで、学校にいるときの子どもからはわからない、子どもがもつ潜在的な能力を知ることができる。なにより代えがたいことは、保護者と教師の両者が互いの努力を認め合い、子どもの発達支援のために協働する関係が形成されることである。

# 3 本人への支援のまとめ

世間が急速に知的障害を伴わない発達障害のある子どもたちに関心を向けるようになった背景には、支援の必要性とは別の事情があった。それは二〇〇〇年代初頭に起きたいくつかの奇異な殺傷事件が関係している。その事件の加害者がアスペルガー障害や広汎性発達障害と報道され、あたかも発達障害が犯行の原因であったかのように、世間に受けとめられ、同様の診断名のある子どもの保護者の多くがわが子の将来を不安に思い、世間の偏見が生まれることを恐れた。

しかし幼いときから来談し思春期以降まで相談を継続した事例でこのような悲惨な犯罪に至った経験はない。確かにＡＤＨＤやアスペルガー障害と診断されている青年から、世間では許されそうにないことを相談されることがあった。たとえば片想いの相手にストーカーまがいの行為をしようとしたり、度を越した正義感から悪徳と報じられた企業にブラックメールを送ろうとしたり、遊び仲間に自慢したくてゴールドカードを不正に入手しようとしたりなどである。

それらは放置しておけば反社会的行為になりかねないことであったが、間違った思いを否定したり、決行しようするのを頭ごなしに禁止したりせず、面接を重ねてその暴挙を助長しないように慎重に話し合い、彼らが計画を実行したときの自分の立場や家族や相手との関係の変化について、彼らの想像が膨らむように話し合うと、高ぶっていた気持ちも収まり、こちらの話を落ち着いて聞けるようになる。そうなった段階で代替案を提案すると、こだわっていた状態から抜け出せ、より適切な行動が取れるようになった。おそらく犯罪に至る事例との違いは、このような援助の有無と本心を話せる相手がいるかいないかの違いではないだろうか。

## 生活のコーチとしての相談

かつての療育施設での援助は、知的障害のある子どもたちに基本的な生活スキルを徹底的に教え込むような訓練であった。しかし現在、知的障害を伴わない発達障害では本人が自分の意志で考え行動できるように導くことが支援の目標となる。それはスポーツ選手とコーチの関係に似ている。その種目のことに精通したコーチは、選手の癖を見抜き、よい結果が出るようにその癖を修正し、競技や試合の目標を話し合い、選手がその目標を達成できるように、ポイントを押さえて助言する。ときには選手に伴走し自分が練習相手となって選手が適切な行動やスキルを身につけるように指導していく。発達障害のある子どもの支援においても、このような積極的な介入と具体的な支援が必要である。

ただスポーツのコーチと発達障害の相談員の異なる点は、選手である子どもたちに社会の仕組みや世間の常識への理解が欠けており、通常子どもが生活の中で身につけていく社会的なスキルを獲得していないところである。そのため相談の基盤作りとして、スポーツの体力作りのような基礎的な社会的スキルの学習の積み重ねが必要である。

もう一つの異なることは、目標を共有することの困難さである。スポーツ選手はコーチとともに記録の更新や入賞を目指し、それが達成されたときの喜びを知っている。しかし発達障害のある子どもはよりよい自分へ向かっての努力が実を結び、自らが成長する喜びを知らない。多くの子どもは幼いときから間違った行動だけに注目され、できていないことを指摘され、自分の成長の過程をポジティブに受け止められた経験がないためであろう。

保護者と支援者が発達障害のある子どもたちに最初に行わなければならないことは、障害のために起こす彼らの失敗や過ちを指摘したり、是正したりする前に、彼らのこれまでの成長を認め、彼らが今できていることへ目を向けることだろう。

# 4 きょうだいへの支援

## きょうだいの心の成長に及ぼす影響

家族に発達障害がある子どもがいると、そのきょうだいは通常の家族関係では起きないさまざまな影響を受ける。その影響は成長の途上にある子どもに精神的混乱を及ぼすことが多く、学童期や思春期の不登校を始めとする精神的不適応や保護者への反抗や不従順の一因となることもある。きょうだいの情緒や自我の発達への影響は、障害の種類や程度、きょうだいの性別や出生順位によってさまざまであり、また保護者が子どもの障害をどのように受け止めているかもきょうだいに影響を与える。きょうだいの発達に関わる問題を整理すると次のようになる。

### ①親の関心の偏り

障害のある子どもの養育に親は多くの時間を費やし、また障害がある子どもの発達や問題行動に関心を奪われ、そのためにきょうだいへの保護者の注意は薄れる。このことによってその子どもは家族の中で孤立したり、疎外感や差別感を抱きやすくなる。ときにはそれがきょうだいへのねたみや嫌悪感を抱く要因となることがあると考えられている。

②家事の負担と不満

保護者が障害のある子どもの世話に従事するために家事の分担がきょうだいに課せられることがある。あるいは障害があるきょうだいへの世話を期待されることがある。それがきょうだいにとって負担になる場合、きょうだいは自分自身の自由が奪われると感じることがあり、そのことで親への不満や憤りや反抗が生じやすいと考えられている。

③きょうだいへの負の感情の抑圧

保護者が障害のあるきょうだいの養育に苦労する姿を見て育つ子どもにとっては、前述の①や②のような負の感情を抱くことはよくないことと感じられる。そのために幼児期や児童期にはこれらの負の感情は心の中に抑え込まれ、環境に過剰に適応しようとすることがある。自我が発達してくると、反動として非行のような行動化か、不登校のような内向的な不適応症状として、抑え込まれていた負の感情が顕在化することがあると考えられている。

④きょうだいの性別と出生順位

出生順位によって子どもの受ける影響は異なる。②で述べた家事の負担や親代わりの役割はとくに年長のきょうだいに課せられやすい。また、子どもが障害のあるきょうだいよりも年少の場合は、精神的成長が兄や姉のそれを追い越す時期があり、その際にはきょうだい関係や役割の逆転が生じるため、きょうだい間に葛藤が生じることがある。そのような場合はきょうだい関係をもう一度作り直していく必要が生じると考えられている。

### ⑤障害があるきょうだいの代償

保護者は障害がある子どもに託せない希望を、無意識のうちにほかのきょうだいに託すことがあり、きょうだいがそれに応じようとして精神的に背伸びしたり、自分の意思とは別に保護者の希望に応えようとしたりすることがある。その場合、無理な早熟化が起きたり、自己主張を抑制する傾向が生じ、順調な心の成長を損なうことがあると考えられている。

以上のような問題は必ずしもすべてのきょうだいに起きることではない。また仮に起きても心の発達過程では必ずしもマイナスにならないことも多い。むしろ困難さをバネにしてより人間的に成長するきょうだいの例も少なくない。

大切なことは保護者と支援者がきょうだいの心の成長の支援がときには必要となることを認識していることだといえる。

## きょうだいの障害の認識

子どもは自分のきょうだいの障害をどのように認識するのであろうか。そのような疑問から障害のあるきょうだいをもつ成人のきょうだいと保護者に、障害のあるきょうだいの障害に対する認識と感情体験について聞き取り調査を行った（矢矧・水野・中田、2005）。

以下に紹介する例は、中度の知的障害がある姉をもつ成人の妹（A）が語った内容である。この事例が障害のあるきょうだいをもつ子どものすべてを代表するものではないが、障害のあるきょうだいをもつ子どもの心の成長の経緯を理解するのに役立つ。

［母親ときょうだいの認識のずれ］

Aの母親は知的障害児の施設へ姉を通所させる際にAを同行し、当時幼児であったAが知的障害がある子どもたちを見ておびえていたのを記憶していた。母親はそのときの怖れがきっとAが姉の障害を知るきっかけとなったと考えていた。しかしAは、姉は自分が生まれたときから傍らにいて、きょうだいであると同時に遊び仲間でもあり、その障害児施設の子どもたちと姉が同じだと感じることはなかったと語った。

Aの記憶では、小学校低学年のときに母親から姉に知的障害があると言われ、「でも、それで自分と姉との関係が変わるわけでもない」というふうに感じたと語った。「あえて言えばそれが姉の障害を知ったときだったと言えるが、その後も姉に障害があることをとくに意識することはなかった」と語った。

［きょうだいへの障害告知］

当然なことではあるがAは聞き取り調査時に姉の障害を認識している。しかしその認識がいつからだったかは記憶していない。Aは自分と姉との違いに気づくたびに、その疑問を両親にぶつけていた。母親はAからの最初の問いは幼児期であったと言う。Aは姉が自分のようにうまく積み木を積めないのを疑問に思い、そのことを母親に尋ねた。両親の間でAに姉の障害のことを隠さずに話すと決めていたこともあり、母親は「来るべきときが来た」と思ったと言う。母親は率直に姉の発達の遅れを話した。

Aもそのときのことをよく記憶していた。その後も母親はAから姉の「違い」について問われ、そのときには率直に答えるように心がけた。Aは、両親が必ず答えてくれることで、姉の「違い」への戸惑いや不安な気持ちが解消したと言う。その繰り返しがAの障害の認識を深めていったようである。

このように必要に応じていつでもきょうだいの障害について両親と話し合えることは、子どもにとってきょうだいの障害を受け入れていくもっとも理想的な形であろう。

［きょうだいへの期待の反動］

Aはこのように自然な形で姉の障害を受け入れるようになったが、その過程は必ずしも安定したものではなかった。小学校中学年のときに転校してきた障害のある同級生のお世話係をすることになって、障害がある姉がいることを負担に思うようになったと言う。そのお世話係は担任から任されたのだが、担任は障害のある姉に自然に接するAの態度から、その役割の適任者と判断したようだ。Ａは担任に信頼されてその役割を任せられたことはわかったが、それは負担だったと言う。「今考えると担任の申し出は理不尽だと思う。当時は拒否することができず、母親にも話せなかった」と語った。

その後、中学生になると姉の存在に対する負担や否定的な気持ちが大きくなっていったと言う。姉の通う養護学校に同行することを拒否し、姉のことを知らない友人に知られたくなくて姉との外出を拒み、姉の行動にいらだって姉をたたくことがあったと言う。Ａは以前のように姉へ優しい気持ちがもてなくなり、その自分の変化に戸惑ったが、姉への乱暴を止めることができず、「どうしようもなかった」と語った。

［自分の時間を取り戻す］

中学と高校では部活に専念し、そのために家にいる時間が短くなり、姉と接する時間も少なくなった。母親は妹が家にいる時間が少なくなって姉が寂しがっていることを知っていたが、Ａが部活に没頭することを認めた。

部活に時間を費やすことを母親が認めてくれたことで、Ａは初めて自分のために時間を使う経験ができたように感じたと言う。そのような自分だけの時間がもてるようになって、障害のある姉の存在を否定的に感じなくなり、高校生活が終わるころには「今までどおりのきょうだいとして、これからもやっていきたい」という気持ちが戻ってきたと言う。

わたしたちと面接したとき、母親はＡには将来姉のことで負担をかけないようにしようと夫婦で決めていると語ったが、Ａは「親も本当は姉といつまでも一緒にいてほしいと思っていると思う。姉のことで何かあるときは協力してほしいと両親が言ってきたら、そうしてあげたい。わたしよりも両親のほうが大変だと思うから」と言い、その口調は率直であった。

## きょうだいへの障害の告知

ある時期に障害のある同胞に対して否定的感情が生じる例は、きょうだいの多くに認められる。しかしその否定的感情は「障害」に対するものではなく、障害のあるきょうだいへの優しさを期待される負担感であったり、障害のあるきょうだいのことを優先しなければならないことへの不満から生じる。だから、Ａのように自分自身の時間を得ることでその否定的感情は消失する。

「障害」ということばをまだ知らない子どもたちは、きょうだいに障害があってもそれを意識することなく自然に接する。そこが「障害」を否定的にとらえる大人との違いだろう。Ａの事例から理解できることは、きょうだいに障害があると聞いても、きょうだいは子どもにとっては身近な存在であり、きょうだいのイメージは変わらない。そして家族が障害を特別なこととして子どもに理解させるのではなく、この事例のように日常の生活の中で子どもが自然に抱く疑問に率直に答えることが「障害の告知」となって、子どもの障害への認識を助けると言える。

## きょうだいへの支援

きょうだいの支援を家族だけに委ねることには問題がある。保護者は障害がある子どもの養育に恒常的に労力を取られ、きょうだいへの関わりが必要だと思ってもそのゆとりがないからである。そこで、家族が利用できるきょうだいへの公私にわたる援助が必要となる。実際の取り組みの例として「きょうだい会」などのピアサポートやピアカウンセリングの会が組織されたり、家族会や発達障害児・者のＮＰＯできょうだいのためのプログラムが用意されたりするようになっている。

このような特別なサービスだけでなく、きょうだいが通う保育所、幼稚園、学校また学童保育などで、きょうだいの精神的発達に十分に配慮した関わりを工夫するなど、わたしたちが日常できることも多い。しかし家族支援の必要性の認識の高まりとともに、本人、保護者そしてきょうだいへと支援の視点が広がり、具体的な援助の仕組みが整っていくことが期待される。

関連文献


Drotar,D., Baskiewicz,A., Irvin,N., Kennell,J., & Klaus,M.(1975). The adaptation of parents to the birth of an' infant with a congenital malformation :A hypothetical model. Pediatrics, 56(5), 710-717.

Solnit,A., & Stark,M.(1961). Mourning and the birth of a defective child. The Psychoanalytic Study of the Child(16). New York: Inter-national Universities Press. Pp.523-537.

鑪幹八郎(1963). 精神薄弱児の親の子供受容に関する分析研究　京都大学教育学部紀要, 9, 145-172, 186-187.

田中千穂子・丹羽淑子(1990). ダウン症児に対する母親の受容過程　心理臨床学研究, 7(3), 68-80.

要田洋江(1989). 親の障害児受容過程　藤田弘子編　ダウン症の教育学　同朋舎.

Olshansky,S.(1962). Chronic sorrow: A response to having a mentally defective child. Social Casework. 43, 190-193.

Wikler,L., Wasow,M., & Hatfield,E.(1981). Chronic sorrow revisited: Parent vs. professional depiction of the adjustment of parents of mentally retarded children. The American Journal of Orthopsychiatry, 51(1). 63-69.

Damrosch,S., & Perry,L.(1989). Self-reported adjustment, chronic sorrow, and coping of parents of children with Down syndrome. Nursing Research, 38(1),25-30.

渡辺久子(1982). 障害児と家族過程 ―悲哀の仕事とライフサイクル―　加藤正明・藤縄昭・小比木啓吾(編) 講座家族精神医学　弘文堂　Pp.233-253.

西村辨作 (2006). 発達に遅れをもつ子どものいる家族への精神的支援について　医療福祉研究, 2, 52-57.

中田洋二郎(1995). 親の障害の認識と受容に関する考察 ―受容の段階説と慢性的悲哀―　早稲田大学心理学年報,27, 83-92.

上田敏(2005). ICFの理解と活用 ―人が「生きること」「生きることの困難(障害)」をどうとらえるか　きょうされん(発売：萌文社).

鳥畑美紀子・中田洋二郎・本庄孝享・横部知恵子・森本由恵(2008). 語りの分析による「軽度」発達障害における保護者の障害認識　立正大学臨床心理学研究,6, 1-7.

河野洋二郎・上林靖子・藤井和子・百瀬香保利・中田綾 (1986). 認知に問題のある児童の思春期適応障害に関する一考察　小児の精神神経, 26, 305-306.

矢矧陽子・水野薫・中田洋二郎 (2005). 障害児・者のきょうだいに関する一考察 ―障害児・者の家族の実態ときょうだいの意識の変容に焦点をあてて―　福島大学教育実践研究紀要, 48, 9-16.

## あとがき

わたしが障害のある子どもの福祉施設に勤め、発達障害の仕事を始めてから44年が経ちます。その間、発達障害の福祉は措置費から支援費制度へ、また教育は特殊教育から特別支援教育へと移行し、さらに発達障害とされる状態は、知的障害や重篤な自閉症から学習障害、注意欠如・多動性障害、自閉症スペクトラム障害へと広がりました。この本ではそういう変化があってもずっと変わらないと思える問題を取り上げ、障害のある子どもの家族また支援者が子どもの支援の方向をともに考えるために役立つ知識と方法を示しました。

この本の内容の多くは、わたしが発達障害のある子どもとその保護者から学んだことです。障害という問題に苦悩し、それを乗り越えて行くことはとても困難なことですが、支援者と家族が力を合わせて取り組めるとき、わたしたちは独りではないという思いを強くもち、互いに勇気づけられます。永く発達障害の臨床に携わってきて、わたしの中で発達障害のある子どもやその家族の人たちが知人や友人のような親しい人たちへと変わり、子どもが成長する喜びを子どもや保護者の方々と共有してきました。そのことが、わたしがこの仕事を続けてきた原動力だと思います。

この仕事は、支援する側とされる側の区別なく、人間とは何か、人の価値とは何かを考えさせます。「障害」という問題は、人と人、人と社会の関係と根源的に関わっていて、この仕事に取り組めば取り組むほど、そういうことを真剣に考えざるをえないからでしょう。そのような発達障害の臨床に就けてわたしも成長しました。成長の機会を与えてくださった多くの方々に感謝します。

末尾になりましたが、この本をまとめることを励ましてくださった学研プラスの長谷川晋さん、執筆と校正の段階で貴重なアドバイスをくださった東郷美和さんに謝辞を申し上げます。

また、この本の原稿の最初の読者であり、構成と内容に的確な意見をくれた私の伴侶である中田綾に「こころからありがとう」。

平成30年3月6日　中田 洋二郎

もしよろしければご意見ご感想などお寄せください。

nakatayojiro@gmail.com

中田《なかた》 洋二郎《ようじろう》
立正大学心理学部教授。都立知的障害児通園施設心理判定員、国立精神・神経センター精神保健研究所室長、福島大学大学院教育学研究科教授を経て、現職。乳幼児健診の発達相談、特別支援教育の巡回相談、ペアレント・トレーニングなどの実践者。専門は発達臨床心理学、発達障害の家族支援。

学研のヒューマンケアブックス

# 発達障害のある子と家族の支援
## 問題解決のために支援者と家族が知っておきたいこと

2018年3月20日　第1刷発行
著者 ………… 中田洋二郎
発行人 ………… 川田夏子
編集人 ………… 坂岸英里
企画編集 ………… 東郷美和　相原昌隆
デザイン ………… 政成映美　政成裕之
イラスト ………… ナツマヤ

発行所 ………… 株式会社学研プラス
〒141-8415　東京都品川区西五反田2-11-8
印刷所・製本所 ………… 中央精版印刷株式会社

この本に関する各種お問い合わせ先
● 本の内容については　Tel：03-6431-1576［編集部直通］
● 在庫については　Tel：03-6431-1250［販売部直通］
● 不良品（落丁、乱丁）については　Tel：0570-000577
学研業務センター　〒354-0045 埼玉県入間郡三芳町上富 279-1
● 上記以外のお問い合わせは　Tel：03-6431-1002［学研お客様センター］